Goethes Kunst-Stil

Johanna Fichtner

Goethes Kunst-Stil

Bibliografische Information der Deutschen Bibliothek:
Die Deutsche Bibliothek verzeichnet diese Publikation in der Deutschen
Nationalbibliografie; detaillierte Daten sind im Internet über
<http://dnb.ddb.de> abrufbar.

© 2005 Johanna Fichtner
Herstellung und Verlag: Books on Demand GmbH, Norderstedt
ISBN 3-8334-2787-6

Einleitung

Der SCHÖNE AUGENBLICK

erscheint bereits in Goethes 1. Werk „Die Laune des Verliebten", 7. Auftritt, und führt bis zum Ende von FAUST II. Egle zu Amine: „Doch du siehst besser aus wenn du den Kranz behältst … Nun bist du schön." Amine steht mit niedergeschlagenen Augen und läßt Egle machen. Dieser 1. „schöne Augenblick „ der „niedergeschlagenen Augen" führt zu FAUST I, Strasse (2609) Faust:
„Beim Himmel dieses Kind ist schön …
„Wie sie die Augen niederschlägt,
„Hat tief sich in mein Herz geprägt;
Gretchens „schöner Augenblick und Faustens „Herz" bilden eine Kette, die Faust am Ende von FAUST II hochziehen wird. Mater Gloriosa zu Gretchen „Komm! Hebe dich zu höhern Sphären. Wenn er dich ahnet, folgt er nach." (12094) Diese „Kette" steht im Gegensatz zur „Goldnen Kette", die Mephist brachte. Diese Kette ist die Kette vom „Wieder-Erkennen". Faust (3164) „Du kanntest mich, o kleiner Engel, wieder. Gretchen (3165) „Saht Ihr es nicht? ich schlug die Augen nieder." In der „WALPURGISNACHT" erkennt Faust Gretchens „Schönen Augenblick", dies erweckt sein „Mitgefühl". Faust (4201) Welch eine Wonne! Welch ein Leiden! Ich kann von diesem BLICK nicht scheiden", vom „Blick der Augen". Im KERKER erkennt Gretchen Faust wieder durch „süßen, den liebenden Ton (4469). Faust: „Ich bin's! Diese neue Kette führt zur SORGE (11424): „Würde mich kein Ohr vernehmen, müßt es doch im Herzen dröhnen".
Die „Herz-Stimme vom TON" verbindet Faust und Gretchen. Faust erblindet (11500) „Allein im Innern leuchtet helles Licht".

Die Herzstimme die Faust und Gretchen verbindet, wird zur „Stimme vom Licht". Mit der „Stimme vom Licht" = „Sehen und Hören" begann Goethes „Kunst-Stil". Dieses „Spiel von Sehen und Hören" erschien auffällig in „DIE MITSCHUL-DIGEN", III, 9 und endete im „RENDEZVOUS" oder im „WIEDERSEHEN". So sagt Gretchen zu Faust (4585): Wir werden uns wiedersehen. Das „Wiedersehen" ist den „schönen Seelen" vorbehalten.

Gretchens „SCHÖNER AUGENBLICK" erscheint in FAUST II, 4. Akt (10062): Faust über Gretchens „BLICK":

„Täuscht mich ein entzückend Bild,
„Als jugenderstes, längst entbehrtes höchstes Gut? …
„Den schnellempfundenen, ersten, kaum verstandnen BLICK,
„Der, festgehalten, überglänzte jeden Schatz.
„Wie Seelenschönheit steigert sich die holde Form,
„Löst sich nicht auf, erhebt sich in den Äther hin
„Und zieht das Beste meines Innern mit sich fort."

GOETHES KUNST – STIL

Beginnt mit Kunst-Stil Elementen aus Grimms-Märchen, die er dann weiter ausbaut. Diese Kunst-Stil-Elemente verbinden seine Werke zu einem „Gesamt-Kunstwerk", zu einer Konfession vom Dichter Goethe.

Das erste Märchen ist „ROTKÄPPCHEN", aus dem die „Stimme des Lichts" hervorgeht. Diese Stimme des Lichts erscheint in diversen Werken Goethes, um nicht zu sagen in allen seinen Werken. Die „Stimme des Lichts" wird angezeigt durch „Sehen und Hören".

Der Wolf zu Rotkäppchen:

Rotkäppchen, sieh (von Sehen) einmal die schönen Blumen, die ringsum stehen … Ich glaube du hörst (von Hören) gar nicht, wie die Vöglein so lieblich singen.

„Sehen und Hören" ist die „Stimme des Lichts" hier verbunden mit „schönen Blumen".

Mit Blumen beginnt auch Goethes erstes Werk: „Die Laune des Verliebten".

Lamon: „Hier sind noch Blumen … Seht doch wie schön sie sind!"

Zurück zu ROTKÄPPCHEN, sie machte sich auf den Weg zur Großmutter, die sah heute so wunderlich aus.

„Ei, Großmutter, was hast du für große Ohren! –

„Daß ich dich besser hören kann!

„Ei, Großmutter, was hast du für große Augen!

„Daß ich dich besser sehen kann! –

„Hören und Sehen" ist die „Stimme des Lichts" für den Wolf, der seine „Beute" packt und frisst.

So vergeht auch Eridons „Laune", wenn er seine „Beute Amine" „sieht und hört" = „Stimme des Lichts".

Amine: „Und doch vergnüg ich mich, da, wenn er mich nur sieht, wenn er mein Schmeicheln hört, bald seine Laune flieht.

„Sehen und Hören" = „Stimme des Lichts".

Eridons Baute ist Amine.

Im zweiten Auftritt erscheint ebenfalls die Stimme des Lichts von „Sehen und Hören". Es ist Egle, die sich gegen Amines Herz wendet:

Egle: „Willst du ihn je bekehren, mußt du ihn ruhig sehn sich nahn, ihn ruhig hören.

Daß Wallen aus der Brust! Die Röte vom Gesicht!"

Egle ist gegen Amines Herz-oder Liebes-Bewegung, die das Blut in ihr Gesicht treibt. Hier beginnt das Thema: „Herz und Scherz und Tanz und Lust". Dieses Thema führt bis zu FAUST II.

Im 8. Auftritt zeigt Egle in ihrem „geistigen Spiegel" dann eine Amine als „schönes Tanz-Mädchen" mit bewegter Brust vom Tanz, das Eridon verführen soll:

„Ein Mädchen wird beim Tanz verschönert, rote Wangen …" dadurch entsteht der „Verräter-Kuß". Im letzten Auftritt sagt Eridon zu Amine: „O zürne du mit ihr (Egle)! Sie machte sich so schön; ich war dem Mund so nah und konnt nicht widerstehn."

Egles neues Thema: sie verwandelt ein bewegtes Liebes-Herz in eine bewegte Tanz-Brust, also „Herz und Scherz „ und „Tanz und Lust". Weiterhin führt Egle einen „geistigen Spiegel" ein, der sich z.B. in der „Hexen-Küche" fortsetzt mit dem Geist der Katzen, auch Egle hat den Geist einer Katze. Die Katzen mit der „Stimme des Lichts": „Wir reden und sehn, „Wir hören und reimen".

Und Faust wird schier verrückt durch den „Spiegel", 2461 Faust: „Mein Busen fängt mir an zu brennen!" durch den Zauber-Spiegel. „Mit dem schönsten Bild von einem Weibe!" 2436

Hier vereint sich Egles Katzen-Geist mit dem Hexen-Geist, und so kommt auch in diesem Moment die Hexe durch die Flamme gefahren.

Das „schöne Tanz-Mädchen" mit den „Roten Wangen" ist in Wirklichkeit „Schneewittchen mit den roten Apfel-Backen. Die Schönste als Tochter Egles oder der Hexen-Tochter. Auch der „geistige Spiegel" setzt sich in Goethes Werken fort, z.B. in „Die Leiden des jungen Werthers".

Gretchens Gesicht zeigt nicht die „roten Wangen vom Tanz-Mädchen". Faust 2609: Beim Himmel dieses Kind ist schön! und Faust weiter 2613: „Der Lippe rot, der Wange licht, ..." Die Lippe zeigt die „Stimme" an, und die Wange zeigt das „Licht des Herzens" an. Gretchens Gesicht zeigt also die „Stimme vom Licht" an. Hier haben wir ein Beispiel von „Wort und Sinn."

Und hier haben wir ein Beispiel für die Weiterentwicklung vom KUNST STIL ELEMENT „Stimme des Lichts = Beute" aus ROTKÄPPCHEN zu Gretchen in FAUST I. Gretchen hat das Kunst-Stil-Element „Stimme des Lichts" auf ihrem Gesicht stehen. Dieses Thema wird weiter entwickelt.

Die „Schönheit" Schneewittchens ist eine doppelte Schönheit. Dies wird schon durch die schwarzen Haare angezeigt. Die schwarzen Haare entsprießen dem Kopf (Geist), sind also ein „geistiges Band". Schneewittchens doppelschichtige Schönheit zeigt sich einmal als „gutes Mutterkind", so ist sie schön für Eridon als Beute, die nur ihm gehört. Aber als Hexen-Tochter oder Egles Tochter ist sie schön als Tanz-Mädchen. Im 7. Auftritt setzt Egle Amine den Kranz wieder auf: „Nun bist du schön." Sie ist schön als 1. Jungfrau beim Tanz und nicht als Eridons Beute.

Das „schwarz" der schwarzen Haare erscheint ebenfalls wieder in FAUST I, Am Brunnen, als Gretchen ihr 3-maliges „schwarz" ausspricht 3581:
„Wie schien mir's schwarz und schwärzer noch gar,
Mir's immer noch nicht schwarz gnug war,
Und segnet mich und tat so groß,
Und bin nun selbst der Sünde bloß!"
Gretchen ist nicht mehr schön, keine 1. Jungfrau mehr und

auch kein gutes Mutter-Kind; so geht sie in ihrem Schmerz zur Mater Dolorosa.

Das dritte „Grimms-Märchen", das für „Die Laune des Verliebten" von Bedeutung ist, ist „DORNRÖSCHEN". Dornröschen fällt in einen 100-jährigen Schlaf, ehe es der Königssohn findet:
„Da lag es und war so schön, daß er die Augen nicht abwenden konnte, und er bückte sich und gab ihm einen Kuß. Wie er es mit dem Kuß berührt hatte, schlug Dornröschen die Augen auf, erwachte und blickte ihn ganz freundlich an.

Dies ist der „verschenkte Blick" von Dornröschen, und da Dornröschen ihren Blick an den Königssohn verschenkt hatte, hatte sie „keine Macht" mehr über ihn; das Heldenband zwischen Dornröschen und dem Königssohn besteht aus „Kuß und Blick". Goethe hat diese „Kunst-Stil Elemente" „Kuß und Blick" übernommen, und in seinen Werken weitergeführt.

So erscheint das Kuß-Halteband in FAUST I, Gretchens Stube, 3408 ff:
Gretchen: „Ach dürft ich fassen Und halten ihn, und küssen ihn, So wie ich wollt, An seinen Küssen vergehen sollt!"
Im Kerker heißt es dann: 4485/86 „Mein Freund, so kurz von mir entfernt Und hat's Küssen verlernt?" Und auch der Blick erscheint sofort: 4487-89 „Warum wird mir an deinem Halse so bang? Wenn sonst von deinen Worten, deinen Blicken Ein ganzer Himmel mich überdrang, Und du mich küßtest, als wolltest du mich ersticken, küsse mich! „Kuß und Blick" stellen das Heldenband dar in „DORNRÖSCHEN" wie auch in „FAUST". „Kuß und Blick" benutzt Goethe bereits in „Die Laune des Verliebten" als „Heldenband".

„Dornröschen" wird zu Amine, auch Amine hat diesen „Freundlichen Blick" an Eridon Verschenkt und daher keine Macht mehr über Eridon. Im Gegenteil meint Egle, du mußt dich glücklich halten, wenn er nur freundlich sieht. Und Egle weiter:
„Die Macht, von der Natur in unsern „Blick" gelegt,
Daß er den Mann entzückt, daß er ihn niederschlägt,
Hast du an ihn geschenkt." Die Macht der Natur ist hier Egles Katzen-Geist.

Auch „Die Nelke" ist ein GRIMMS MÄRCHEN, das über einen schwarzen Pudel berichtet, der eine goldne Kette trägt. Diese goldne Kette bringt Mephisto im „FAUST I" für Gretchen. Gretchen putzt sich mit der goldnen Kette vor dem Spiegel und sagt: 2798 – 2804:
„Nach Golde drängt, am Golde hängt,
„Doch alles. Ach wir Armen."

Das Gold ist Mephistos List. Es ist umnebelnde Himmelsglut.
Es ist die „Gier nach der Lust". Mephistos Geist ist die Fortsetzung von Egles Katzengeist.

Goethes „Kunst-Stil" beruht einmal auf „Kunst-Stil-Elementen" aus GRIMMS-MÄRCHEN, und durch Goethes Weiterentwicklung seines Stils basierend auf: WORT UND SINN. Wort und Sinn verbindet seine einzelnen Werke zu einem Ganzen.

„DIE LAUNE DES VERLIEBTEN"

Goethes erstes Werk beginnt mit dem Satz: „Hier sind noch Blumen." Die „Nelke" ist für Egle und die „Rose" für Amine, und die Blumen sind „schön". „Schönheit" wird zum Thema in „Die Laune ..." Die Rose erinnert an Dornröschen und ihren Königssohn, und an das Heldenband zwischen ihnen von „Blick und Kuß". Die Rose ist für Amine. Auch Amine hat ihren „Blick" an Eridon verschenkt und somit keine Macht mehr über Eridon. Egle: „Mußt du nicht jeden Blick von seinen Augen stehlen?

„Die Macht von der Natur in unsern Blick gelegt,
„Daß er den Mann entzückt, daß er ihn niederschlägt,
„Hast du an ihn geschenkt, und mußt dich glücklich halten,
„Wenn er nur freundlich sieht."
Amines Blick ist verschenkt wie auch Dornröschens Blick.

Egle spricht von Eridons Eigensinn, aber Amine sagt, es ist nicht Eigensinn, sondern ein launischer Verdruß ist seines Herzens Plage. Wenn er mich nur sieht (von Sehen), wenn er mein Schmeicheln hört (von Hören) „sehen und hören" bedeutet die „STIMME DES LICHTS", seine Laune flieht.
„STIMME DES LICHTS" stammt aus „Rotkäppchen" und zeigt hier die „Beute vom Wolf zum Fressen „ an. Wenn Eridon seine Beute Amine sieht und hört, glättet sich sein Gesicht von der „Laune". Im Achten Auftritt wird aus Amine das schöne Tanz-Mädchen, das in Egles „geistigem Spiegel" erscheint und Eridon zu „Tanz und Lust verführt".

Egle weiter: „Doch nenne mir die Lust, die er dir je vergönnte?
„ Bei der „Lust" handelt es sich um den Tanz, den Amine liebt.

„Da er der Wiese Gras um deine Tritte neidet. Den Vogel, den du liebst, als Nebenbuhler haßt." Dies ist der „Tritt vom Grasaff, den Mephisto in Marthens Garten in „FAUST I" erwähnt, nachdem Gretchen sich entschließt das „Fläschchen" mit den Tropfen für die Mutter anzunehmen, wozu sie durch Faustens Willen getrieben wird. Es handelt sich um Faustens „Tücke".

Egle immitiert nun den „Tücke-Ton" von Eridon:
„Ihr tanztet um den Baum.-Er tanzte wohl recht schön?
„Was gabst du ihm zum Lohn?"

Amine: „Freundin, ja, das ist sein ganzer TON".
Der Ton ist die „Stimme der Tücke". Diese „Stimme der Tücke" gehört Egle und Eridon. Es sind zwei Partner von entgegengesetzten Paaren, vereint durch den TON. Egle gehört zum 1. Paar (Egle und Lamon), und Eridon gehört zum 2. Paar (Amine und Eridon). Diese beiden Partner: Egle und Eridon-von verschiedenen Paaren-bilden nun ein neues Paar: „Das Paar übers Kreuz" verbunden durch die „Schleife". Mit dem Baum vom Tanz erscheint dieses „Paar übers Kreuz", und „Stimme der Tücke".

1. Paar Egle und 2. Paar Eridon bilden eine Schleife

Im 8. Auftritt werden Egle und Eridon dann ein solches „Paar übers Kreuz" verbunden durch die „Stimme der Tücke" oder den „Verräter-Kuß".

Amine spricht nun noch von ihrem „BLICK", den Eridon der ganzen Welt beneidet, und sie sieht an diesem Neid, wie ihr Liebster sie schätzt. Egle nennt Amines Elend „Ketten". Eine „Kette" erscheint im 7. Auftritt.

Dann spricht Amine noch von dem „BAND", das ihr zur „SCHLEIFE" fehlt. Lamon will eins holen, das Egle zum Frühlingsfest bekam. Lamon erscheint im 4.Auftritt wieder mit diesem Band zur Schleife.

„DIE SCHLEIFE" erscheint auch in anderen Werken Goethes; so.z.B. in „DIE LEIDEN DES JUNGEN WERTHERS". Am 16. Juni:
Werther fällt ein reizendes Schauspiel in die Augen; ein Mädchen von schöner Gestalt, mittlerer Grösse, die ein simples, weißes Kleid mit „blaßroten Schleifen" an Arm und Brust anhatte. Hier ist die „Schleife" zum Ding-Symbol geworden. Ein Ding-Symbol kann man sehen.

Auch der „TON" der „Stimme der Tücke", durch den Egle und Eridon verbunden sind, setzt sich fort. Im 8. Auftritt wird die Stimme der Tücke zum Verräter-Kuß, und der Verräter-Kuß findet sich dann wieder in „DIE MITSCHULDIGEN" als käufliche Liebe. 3.Aufzug, 8. Auftritt:
Alcest: Befiehl! Du findest mich zu allem gleich erbötig.
Sophie (stolz, indem sie sich von ihm losreißt) Respekt vor ihrem Geld Allein ich hab's nicht nötig. Was ist das für ein „TON"?
Ich weiß nicht faß ich's recht?
Alcest will für sein Geld, Sophies Liebe. „Die Stimme der Tücke" ist hier „käufliche Liebe". Alcestens „TON" wird von Sophie als „Stimme der Tücke" erkannt.
Das „Band", das Amine noch zur „Schleife" fehlt, ist das Band von „LIEBE und LEBEN" und „SCHÖNHEIT und GLÜCK".

Dieses Band setzt sich fort bis „FAUST II", 3. Akt wenn Helena zu Faust sagt: 9939-41:"Ein altes Wort bewährt sich leider auch an mir
Daß Glück und Schönheit dauerhaft sich nicht vereint,
Zerrissen ist des Lebens wie der Liebe Band."

ZWEITER AUFTRITT

Bringt das Band von Liebe und Leben. Lamon achtet nicht viel, was ihm sein Mädchen schenkt (Egle).Dies bezieht sich auf das „Leichte Liebes Band", welches Lamon holen soll.

Egle gefällt auch nicht, wie ihr Geliebter denkt; sie lobt auchdie Treue, doch muß sie unserm Leben, bei voller Sicherheit die volle Ruhe geben. Egle wünscht sich ein Leben in Ruhe. Genau wie Egle denkt auch Helena an ein Leben in Ruhe. „FAUST II", 3. Akt Pythonissa ging zum Heldenherrn und Helena dankt ihr: 9139/9140: „So habe Dank und führe schnell mich ein zu ihm;
„Beschluss der Irrfahrt wünsch ich. Ruhe wünsch ich mir."
Also sie wünscht sich Sicherheit und Ruhe wie Egle. Im Gegensatz dazu war Gretchens Ruhe hin. Nachdem Mephisto die „goldne Kette" gebracht hatte: Gretchen: „Meine Ruhe ist hin, mein Herz ist schwer".

Mit Amine beginnt das „Herz-Thema", das durch den Schmerz gerührt wird also durch Mitgefühl bewegt wird. Und daß durch ein „gutes Wort" Eridon zum „Fall" bewegt wird.
Thema: Herz und Brust-Bewegung, aber nicht Tanz-Bewegung, wie sie im 8-Auftritt von Egle am schönen Tanz-Mädchen gezeigt wird.
Egle nennt dies „elend Leben" wenn man für Liebe und Ver-

zeihung nie belohnt wird. Im 1.Auftritt wurde schon „LOHN"
mit dem „TON" verbunden zur „Stimme der Tücke". Das
„ELEND LEBEN" steht im Gegensatz zum „WOHLLEBEN"
beim Tanz. Das „WOHLLEBEN" spielt in Goethes Werken
eine Rolle, siehe „IPHIGENIE".

Egle will Amines Leben ändern. Sie will Aminen „lehren" den
Eridon zu „bekehren"; und zwar durch das „Helden-Band" von
„Blick und Kuß". Amine soll dieses Band umdrehn, um zu
ihrem „Glück" zu kommen. Sie soll einen „harten und strengen
Blick" anwenden, um Macht über Eridon zu gewinnen. Im 5.
Auftritt übernimmt Amine Egles „BLICK":
„Die Macht von der Natur in unsern Blick gelegt", soll sich
Amine zurückholen. Dabei vergißt Egle zu sagen, daß der
„Blick" zuerst „entzücken" muß, ehe er „niederschlagen"
kann. Dies gehört zu Egles Katzen-Geist, zu Egles „Stimme
der Tücke", die im Gegensatz zu Amines „Wort des Herzens"
steht.

Eridon erscheint und Amine gerät in Bewegung. Darauf
Egle:
„Armes Kind ... willst du ihn je bekehren,
„Mußt du ihn ruhig „sehn" sich nahn,
ihn ruhig „hören"
„Sehen und Hören" ist wieder das „Kunst-Stil-Element" von
der „Stimme des Lichts".

Im 1. Auftritt erschien die „Stimme des Lichts" von Eridon
durch „Sehen uns Hören" wurde Amine als Beute vom Wolf-
Eridon markiert:
Amine: „Wenn er mich nur sieht (von Sehen)
Wenn er mein Schmeicheln hört (von Hören)
Bald seine Laune flieht."

Im 2. Auftritt ist es Egle der das „Wallen aus der Brust und die Röte vom Gesicht nicht gefällt, denn es entsteht aus Amines Herz-Bewegung. Amines Herz soll für den Tanz schlagen. So beginnt das Thema: „Herz und Scherz" und „Tanz und Lust" durch Egle.

Im 8.Auftritt erscheint dann das „schöne Tanz-Mädchen":
„Ein Mädchen wird beim Tanz verschönert, Rote Wangen, ein Mund „der lächelnd haucht… um die bewegte Brust ein sanfter Reiz

Egle zeigt so Amine in ihrem „geistigen Spiegel", obwohl Amines Brust nicht durch den Tanz bewegt wird, sondern durcch ihr Herz. Ausserdem haucht Amines Mund nicht, sondern ihr „Herz" spricht durch ihren Mund. Siehe „Letzten Auftritt".

Im 8.Auftritt fällt Eridon auf Egles Darstellung von Amine rein, „weil sich Egle so schön machte." Und die „Stimme der Tücke" ist dann der „Verräter-Kuß", der die Gier in Eridon zu „Tanz und Lust" auslöst.

„DIE STIMME DES LICHTS" wird auch hier mit „WORT UND SINN" verbunden. Die „bewegte Brust" entsteht einmal durch das „bewegte Herz" und zum andern durch die „Tanz-Bewegung". Hier haben wir ein Wort mit verschiedenem Sinn. „Wort und Sinn" ist hier doppelschichtig. Das macht den Sinn von „Herz und Scherz" (und „Tanz und Lust").

Dies wird bildlich ausgedrückt in der „Walpurgisnacht" „FAUST"I"
EINMAL DURCH DAS SCHÖNE TANZMÄDCHEN
Lilith mit dem roten Mäuschen im Mund, das ist die Beute (vom Wolf, von Eridon und dann von Faust); und zum andern durch die Herz-Bewegung-also Mitleid –, die das blasse schöne Kind, daß dem guten Gretchen gleicht, bei Faust hervor ruft.

Bei Faust ist es jetzt nicht mehr „Herz und Scherz und Tanz und Lust", sondern „Herz und Mitgefühl, darum tritt Faust aus dem Tanz heraus. Faust empfindet „Mitgefühl", darum kann er „schließlich und endlich" auf „Rettung" hoffen.

Als Faust Gretchen das 1.Mal sieht, heißt es in Fausts Worten: 2613/14:

„Der Lippe rot, der Wange Licht,
„Die Tage der Welt vergeß ich's nicht!"

Auf Gretchens Gesicht wird die „Stimme des Lichts" gemalt, durch die „Lippe rot" = „Stimme", und „Wange Licht" = das „Licht" kommt aus dem Herzen, (wie bei Amine das Blut aus dem Herzen wallte.) Und bei Lilith beim Tanz und Gesang ein rotes Mäuschen aus dem Munde sprang, also das „rote Mäuschen" ist der „Fette Bissen" oder die „Beute".

DRITTER AUFTRITT

Eridon kommt ... Der Name Eridon bedeutet: „Herr der Ehre", vom Spanischen „Don" = Herr. Eridons „übereinandergelegten Arme" kommen in diesem Auftritt nicht zum Zug. Amine spricht zwar vom Arm: „Dich soll dieser Arm, dich diese Hand nur fassen", beim Tanz. Aber erst im 8. Auftritt kommt Eridons Arm zum Zug und wird zum Tanz-Arm, der die „Schleife" vom „Paar übers Kreuz" formt, wie auch Faustens Arm, Faustens „Tanz-Arm" mit dem er aus der Hexenküche kommt und „Geleit" anbietet: „Mein schönes Fräulein darf ich wagen, 2605, „Meinen Arm und Geleit Ihr anzutragen?"2606

Es ist die „EHRE", die in diesem Auftritt eine Rolle spielt: Die schönen „Blumen", die von Amine sind, sind noch so „frisch", weil sie Eridon „wert" sind. In Wirklichkeit will Eridon Aminen nicht schmücken, weil Eridon die „Ehre" mit Aminen nicht teilen will, die Amine als 1. Jungfrau beim Tanz erhalten würde mit „Kranz". „Kranz" als Zeichen der Ehre. Jedoch Amine hat Eridons Blumen für die Kränze fürs Fest verwandt. Durch den Kranz wird Amine zu 1. Jungfrau, also sie wird Ehre haben. Und Eridon sagt:

„Wie wirst du glänzen! Lieb in des Jünglings Herz und bei den Mädchen „Neid erregen"

Dieses Thema erscheint wieder in „FAUST I", Am Brunnen: 3574-3576, dort heißt es: „Kriegt sie ihn, soll's ihr übel gehn, Das Kränzel reißen die Buben ihr, Und Häckerling streuen wir vor die Tür!"

„Am Brunnen" bekommt die 1. Jungfrau ein Kind und die Ehre ist weg.

Der „Kranz" bedeutet „Ehre", und Eridon will Amine für sich allein haben, (seine Beute) und sie nicht mit andern teilen. Auch dieses Thema wird im „Faust I", Kerker weiter geführt durch das „Kind": 4508-4510: „Mein Kind hab ich ertränkt. War es nicht dir und mir geschenkt? Dir auch.-Statt der „Ehre" sollten sie die „Sorge" um das Kind teilen. Dies bedeutet das „3-malige"schwarz" von Gretchen „Am Brunnen".

Im 1. Auftritt sagte Amine über ihren „Blick": „Doch mit Freuden seh ich ihn meinen Blick der ganzen Welt beneiden; ich seh an diesem Neid, wie mich mein Liebster schätzt, und meinem kleinen Stolz wird alle Qual ersetzt." Darauf Egle: „Du klirrst mit deinen Ketten." Hier im 3. Auftritt sagt Eridon, er kann nicht glücklich sein, wenn viele ihn beneiden. Er streitet den „Neid" ab. Und Egle bringt nun wieder das Thema: „KETTEN" zur Sprache:

„Sieh ihre Tränen an, sie fließen dir zur Ehre!

„Nie dacht ich, daß dein Herz im Grund so böse wäre."

Thema: Auge gegen Herz = „KETTE"

„Den Stolz in ihrer Brust ... nicht neben dir zu leiden, ... "
bedeutet „Stolz und Ehre" nicht teilen wollen.

Es ist Amines „LEICHTSINN" der Eridon stört.
Egle: „Mehr als ein weiblich Herz je liebte, liebt sie dich."
Eridon: „Und liebt den Tanz, die Lust, den Scherz so sehr als
mich."
Egle: „Wer das nicht leiden kann, mag unsre Mütter lieben!"
Hier haben wir das Thema: „HERZ UND SCHERZ UND
TANZ UND LUST" und einen Hinweis auf ein Thema in
„FAUST II", DRITTER AKT, 9904: „Euphorions Stimme
aus der Tiefe: „Laß mich im düstern Reich,
„Mutter, mich nicht allein! (Pause)."

Es ist die Frage hier, ob Amines Liebe für Eridon einer Mutter-
liebe gleichkommt. Wie Egle sagt: mehr als ein weiblich Herz
je liebte, liebt sie dich. Und Amine selbst sagt von sich: „Ach!
warum muß mein Herz so voll von Liebe sein!"
Hier besteht eine Verbindung zu „DIE MITSCHULDI-
GEN" durch „WORT UND SINN": 1. Aufzug, 3. Auftritt:
„Er kommt. Ich zittre schon. Die Brust ist mir so voll;" sagt
Sophie. Amines Herz ist voll Liebe und Sophies Brust ist so
voll. Allerdings weiß Sophie nicht, was sie will, viel weniger
was sie soll."

Eridon ist nun durch Amines „Herz voll Liebe" für ihn gerührt und sagt: „Amine liebstes Kind, ... Großmütges bestes
Herz, laß mich zu deinen Füßen"-Er ehrt sich selbst, durch
den Fall zu Amines Füßen, weil er ein „liebendes Herz" ver-
ehrt.

Im „CLAVIGO" gefiel Carlos Clavigos Schrift „weit besser" als
er (Clavigo) sie noch zu Mariens Füßen schrieb.-

Und im 5. Akt heißt es dann, Clavigo:-Sie ist tot-Es ergreift mich mit allem Schauer der Nacht das Gefühl: Sie ist tot! Da liegt sie, die Blume zu deinen Füßen-und du-Erbarm dich meiner, Gott im Himmel".

Durch Eridons Fall wird ein Thema eingeführt, das wiederum bis zu „FAUST I" Kerker, führt. 4451/52, Faust wirft sich nieder:
„Ein Liebender liegt dir zu Füßen,
„Die Jammerknechtschaft aufzuschließen". (Die Ketten fallen ab.)

Faust als Liebender will die Ketten aufschließen, aber sie fallen von selbst ab. Bei Eridon handelt es sich um „Eigenliebe", während es bei Faust Liebe ist. Aber das „Kunst-Stil-Element" vom „FALL" wird hier in „DIE LAUNE …" bereits entwickelt und ebenfalls die „KETTE".

Amine bittet Eridon nun ihr einen „STRAUß" zu pflücken:
„Ist er von deiner Hand, wie schön wird er mich schmücken!"
Der „Strauß von Eridons Hand" erscheint im 5. Auftritt und schmückt Amines Herz, wo auch Eridon wohnt. Amines Herz ist geteilt zwischen Eridon und „Tanz und Lust". Das wird dann ein neuer Scherz von „HERZ UND SCHERZ UND TANZ UND LUST".

„Die Rose im schwarzen Haar", die Lamon im 1. Auftritt Aminen gab, und die ihr schön steht, verlangt Eridon für sich am Ende des 3. Auftritts. Es handelt sich bei der Rose um das „Kuß-halte-Band", und bei der schwarzen Farbe der Haare um das nicht teilen wollen. Wie schon erwähnt führt dieses Thema zu Gretchens 3-maligem schwarz „Am Brunnen". Eridon hat

Angst, daß Amine einen andern küßt, und auch Amine will Eridon nicht verlieren:

„Verlier ich ihn nur nicht, das eine macht mir bange," heißt es im nächsten Auftritt. Es ist das „Kuß-Halte-Band", das Eridon und Amine noch zusammenhält.

So wie auch Gretchen und Faust durch das „Kuß-Halte-Band" zusammengebunden sind. „Gretchen am Spinnrade" • 3374/75

„Meine Ruhe ist hin, mein Herz ist schwer" und dann das „Kuß-Halte-Band" 3408/3411: „Ach dürft ich fassen und Halten ihn,

„Und küssen ihn so wie ich wollt."

Es besteht nur ein Unterschied; während Gretchens Helden-Band beginnt mit:"Meine Ruhe ist hin", sagt Egle zu Amine hier in „Die Laune…" „Besänftige den Sturm…,Man kann sehr ruhig sein, und doch sehr zärtlich lieben." Egles „Katzen-Geist"lobt die Ruhe.

VIERTER AUFTRITT

In diesem Moment erscheint Lamon mit dem „Band zur Schleife", dem „Leichten Liebesband" aus dem 1. Auftritt, das Amine noch fehlte.

Lamon: „Da ist das Band!"

Amine: „Sehr schön!"

Dieses Band hat zum Thema den „Kuß",

Egle steckt Blumen in Amines Haare, das sind die schwarzen Haare, wo die Rose steckte; und sie spricht das „Kuß-Thema" an: Egle zu Lamon: „Gib mir doch den Kuß von deiner Chloris wieder". Es ist der auswechselbare Kuß und es wird der „Kuß der Gier" im 8. Auftritt. Es ist nicht der Kuß vom „Halte-Band", sondern es wird der „Verräter-Kuß".

Erklärung:
Amine: „Seid ihr nicht wunderlich!" Das Wort „wunderlich" erschien bereits im „ROTKÄPPCHEN" verbunden mit der „Gier" vom Wolf, und „wunderlich" führt im „Letzten Auftritt" zu „Kuß und Gier" verbunden mit „Vernunft". Es handelt sich wiederum um das Thema: „WORT UND SINN."

Im „PROLOG" von „FAUST I" sagt Mephisto zum Herrn: „Der kleine Gott der Welt ... ist so „wunderlich" als wie am 1. Tag. „Ein wenig besser würd er leben, Hättst du ihm nicht den „Schein des Himmelslichts" gegeben;
„Er nennt ‚s „Vernunft" ...

Die Worte „wunderlich" und „Vernunft" stehen zusammen mit dem „Schein des Himmelslicht". Der Teufel bezeichnet die „Lust" als den „Schein des Himmelslichts". „WORT UND SINN" zeigt an, daß die „Lust" keine „Stimme des Herzens" ist. Dieses Thema „Herz und Stimme" erscheint erst im „Letzten Auftritt", (der Kuß als „Stimme des Herzens" im 8.) (und auch der „Kuß" der nichts sagt im 8. Auftritt.)
Zum „Helden-Band" gehören die zwei „Kunst-Stil-Elemente": „BLICK" und „KUSS", wie schon im 2. Auftritt erwähnt. Egles „Kuß-Idee" wurde im 4. Auftritt gezeigt, nämlich „Kuß teilen". Egles „Blick" vom „Helden-Band" wird nun im 5. Auftritt gezeigt.

Eridons Klage ist Amines geteiltes Herz zwischen ihm und „Tanz und Lust". Und Amine wünscht sich die Blumen von Eridons Hand schon jetzt. Sie sollen Amine schmücken; Eridon soll damit Amines Schönheit anerkennen und sie zur 1. Jungfrau machen, und ihr Ehre geben. Sie will das Glück mit ihm teilten."

„Schönheit und Glück" sind die Themen vom 5. Auftritt. Amine meint mit Egles „Blick" ist sie gewappnet, den Helden-Kampf zu gewinnen. Und Eridon ist kein guter Blumen-Sucher. Der 5.Auftritt spielt sich ab zwischen dem „Helden-Paar": Amine und Eridon.

FÜNFTER AUFTRITT

Der Fünfte Auftritt zeigt den „Helden-Kampf" ums Glück. Für Amine bedeutet das Glück, den Tanz und die Liebe zu Eridon zu vereinen. Amine mit dem „Kranz" im schwarzen Haar will die 1. Jungfrau beim Tanz werden. Um dieses Ziel zu erreichen nimmt sie Egles Ratschlag an, es mit Egles „Blick" der Macht zu versuchen. Amine will Eridon die Macht durch Kaltsinn entziehen. (Egle wollte die Männer erst „entzücken" und dann „niederschlagen".) Das weiß Amine nicht. Amines Herz muß eine schwere Rolle spielen. Die Rolle von „Herz und Scherz".
Eridon bringt Amine Blumen. „Sie sind nicht gar zu schön, mein Kind". Er will Amine nicht für den Tanz schmücken. Amine steckt die Blumen an den Busen: „Hier wo du wohnst, soll auch der Blumen Wohnplatz sein." Amines Herz verbindet „Tanz und Lust" und Eridon. Das ist das Thema „Herz und Scherz".

Es folgt: „Tanz und Lust".
Eridon: Das allerbeste Herz vergißt beim muntern Spiele, wenn es des „Tanzes Lust", des Festes Lärm zerstreut, was ihm die Klugheit rät, und ihm die Pflicht gebeut … Wenn ihm ein

Mädchen nur im Scherze was erlaubt. Dies ist Eridons Klage über „Herz und Scherz" und „Tanz und Lust". Und Amine hält dagegen: „Doch du nur hast mein Herz und sag was willst du mehr?"

Eridon: „Zwar weiß ich, du bist mein; (die Wolfs Beute), doch einer denkt vielleicht, beglückt wie ich zu sein. Schaut in das Auge dir und glaubt dich schon zu küssen und triumphiert wohl gar, daß er dich mir entrissen."

Das ist das „Helden-Band" von „Blick und Kuß", das Eridon behalten will. Der Triumph eines andern, das läßt Eridons Ehre nicht zu. Dagegen steht Eridos Glück:

„Eridons zärtlich Herz ist von Wonne hoch entzückt:

„Wenn mir dein Auge lacht, wenn deine Hand mich drückt."

Eridon dankt den Göttern, die ihm dieses Glück gaben;

„Doch ich verlang's allein, kein andrer soll es haben.

Dieses „Glück" erscheint ebenfalls in „FAUST 1": 3188-3191:

Faust; (Erfaßt ihre beiden HÄNDE) ZU GRETCHEN:

„O schaudre nicht! Laß diesen Blick,

„Laß diesen Händedruck dir sagen:

„Was unaussprechlich ist:

„… eine Wonne zu fühlen, die ewig sein muß!"

(Margarete drückt ihm die Hände,…)

Er steht einen Augenblick … und weiter:

„Gretchen am Spinnrade": 3400/3401:

„Sein Händedruck und ach sein Kuß"

Dies ist Eridons ganzes Glück, und es ist auch Faustens ganzes Glück, aber es ist nicht Aminens Glück. Das „Helden-Band" von Eridon zeigt seinen Besitz, seine Beute an, es zeigt Eridons Eigenliebe an. Die „Kunst-Stil-Elemente" für das Glück sind die gleichen in „Die Laune" wie in „FAUST I".

Unmittelbar vor Faustens „Glück" vom „BLICK" und „HÄN-
DEDRUCK" geschieht das Spiel mit der „Sternblume": „Er
liebt mich-nicht-Er liebt mich.
Faust: „Ja, mein Kind! Laß dieses Blumenwort dir Götteraus-
spruch sein. „Er liebt dich!"
Hier lügt Faust. Das geht schon aus dem folgenden Monolog
von „Wald und Höhle" hervor. Faust will gegen das wilde Feuer
in seiner Brust angehn: 3249 / 3250:
„So tauml ich von Begierde zu Genuß,
„Und im Genuß verschmacht ich nach Begierde". Faust liebt
Gretchen nicht. Es ist die „LUST", die ihn treibt: „Herz und
Scherz und Tanz und Lust".

Zurück zu Eridon und Amine. Amine soll die andern „hassen",
weil sie Amine lieben. Amine: „Heißt uns die Liebe denn die
Menschlichkeit verlassen. Ein „Herz", das einen liebt, kann
keinen Menschen hassen. Hier handelt es sich auch um: „Herz
und Scherz". Denn es kann auch bedeuten „viele lieben". Wie
Valentin zu Gretchen sagt: 3736 ff
„Du fingst mit einem heimlich an,
„Bald kommen ihrer mehre dran,
„und wenn dich erst ein Dutzend hat,
„So hat dich auch die ganze Stadt."
(Das heißt „alle lieben" als Buhle).

In „Die Laune … ist das „e i n e n" gesperrt gedruckt, und so
auch das „e i n e n" in „FAUST". Die gesperrte Druckart läßt
darauf schließen, daß hier ein Bezug besteht, und das wäre
dann „Herz und Scherz".

Aber Eridons Antwort ist gegen Amines „Hochmut", nämlich so manches junges Herz wird Amine als Göttin verehren:
„Kaum wirst du „Blicke" genug für Diener finden". Amine

als „Göttin" mit dem „Blick der Ehre" für den Schwarm der Diener, der TOREN, und Eridon will kein TOR sein. Egles geborgter „BLICK" vom „HOCHMUT" sollte Amine als 1. Jungfrau beim Tanz darstellen. Den „BLICK" von „Macht und Ehre" kann Eridon nicht akzeptieren. Ehre kann er nicht teilen.

In „DIE MITSCHULDIGEN" 1.3. erscheint Sophie als „Göttin" und in 3,8 als Buhle.

Amines „schwaches Herz" verliert. Er siegt. Und Amine ruft die Götter um Hilfe, und sie wendet sich gegen Eridon:
„Der Liebe leichtes Band machst du zum schweren Joch. Du willst die heutige Lust!" „TANZ UND LUST" wird geopfert.

Das „LUST OPFER"
Amine nimmt die „Kränze" aus den Haaren und von der Schulter und wirft sie weg. Amine fährt in einem gezwungen ruhigen TON fort: der Ton deutet die Stimme der Tücke an.
„Nicht wahr, mein Eridon, So siehst du mich viel lieber, als zu dem Fest geputzt. Der TON der Stimme der Tücke bezieht sich auf die doppelte Schönheit von „Schneewittchen". Eridon liebt ein „Schneewittchen", das ein „gutes Mutter-Kind" ist, eine Magd und nicht ein „Schneewittchen der Lust", das wäre eine „Hexen-Tochter", oder Egles Tochter, also auch kein schönes Tanz-Mädchen, wie im 8. Auftritt eins erscheint.
Da ist es dann Egles Kunst-List Amine als Tanz-Lust-Mädchen anzupreisen.

Eridon fällt wieder vor Amine nieder:
„Scham und Reu! Verzeih, ich liebe dich!"
Aber Amine hat durch den Ton herausgefunden, daß Eridons

Liebe seine Eigenliebe ist. Der „TON" der „Stimme der Tücke"
führt nun zur „FLÖTE" mit dem Sinn: „Er soll dein Herr
sein".

Amine: Geh! Hol deine Flöte her.

DIE FLÖTE ENTSTAMMT GRIMMS MÄRCHEN: „DIE NIXE IM TEICH".

Ein Schäfer und eine Schäferin trafen sich wieder, ohne sich
zu erkennen Der Schäfer holte die FLÖTE aus seiner Tasche
und blies ein schönes aber trauriges Lied. Als er fertig war, bemerkte er, dass die Schäferin bitterlich weinte. „Warum weinst
du?" fragte er.
Im 7. Auftritt bezieht sich Egle auf Aminens Weinen „um diesen schönen Tag mit Seufzern zu vertreiben" und Egle meint
damit diese „Eridons Flöte" mit der „Stimme der Tücke", (Er
soll dein Herr sein).

Im Märchen „Die Nixe im Teich" erkennen sich Schäfer und
Schäferin durch das „Flötenspiel" wieder.

Das ERKENNEN wird zum Thema im 6. Auftritt.

In „DIE MITSCHULDIGEN" erscheint das „Flöten-Thema"
I, 2.
Söller sagt dann: „Ein Mann ist mehr, als Herrchen, die nur
pfeifen."

SECHSTER AUFTRITT

Amine erkennt „Eridon": Er scheint betrübt und heimlich jauchzet er. Das „Opfer der Lust", welches Amine ihm brachte, hielt er für Schuldigkeit.

Amine hört Musik: „Es hüpft mein Herz, mein Fuß will fort. „Herz und Fuß" ist das „Kunst-Stil-Merkmal" für „Lust und Tanz". Amine wollte die „Lust und den Tanz" mit Eridon teilen. Aber jetzt will sie nicht mehr auf Eridons Flöte warten mit dem Thema: „Er soll dein Herr Sein". Sondern Amine will nun selbst zu „Lust und Tanz", auch ohne ihn. Mein Fuß will fort. Ich will. Amine bekommt ihren „eigenen Willen."

Aber hinzu kommt „Herz und Scherz".
„Es zehren heft'ge Flammen am Herzen, d.h. Eridon hält Amine zurück. Der Scherz ist, daß es nicht Eridon ist, der Amine zurückhält, sondern die „Flammen der Lust" halten Amine zurück. Aminens „Herz und die Lust" zu Eridon ist größer als die Lust zum Tanz. Aminens Herz und die Lust zu Eridon ist ein „Scherz", aber Amine weint: „Wie werden sie mich höhnen." Sie ist nun ohne „Ehre", Sie ist keine 1. Jungfrau.
„Das ist der Liebe Glück" ohne Schönheit bedeutet: sie ist die Magd, das „gute Mutter-Kind" aus dem „SCHNEEWITT-CHEN", das für Eridon da ist. Hier beginnt das Thema, daß „Glück und Schönheit" sich auf Dauer nicht vereint:
„FAUST II, Dritter Akt: Helena zu Faust: 9939 ff.
Ein altes Wort bewährt sich leider auch an mir:
Daß Glück und Schönheit dauerhaft sich nicht vereint.
Zerrissen ist das Lebens wie der Liebe Band;
„Das Lebens wie der Liebe Band" von Eridon und Amine erscheint im „Letzten Auftritt" von „Die Laune ..."

Auch Gretchen im „FAUST" Garten, 3111 ff. stellt sich als „Magd" vor: „Wir haben keine Magd; muß kochen, fegen, stricken und nähen und laufen früh und spät. Und meine Mutter ist in allen Stücken so akkurat!"

Im Märchen „SCHNEEWITTCHEN" heißt es: „Die Zwerge sprachen:
„Willst du unsern Haushalt versehen, kochen, betten, waschen und nähen und stricken und willst du alles ordentlich und reinlich halten, so kannst du bei uns bleiben, und es soll dir an nichts fehlen" „Ja", sagte Schneewittchen „von Herzen gern" und blieb bei ihnen.

Auch hier gibt es das Thema:"Herz und Scherz", nämlich: von „Herzen gern, Magd zu sein".

„Schneewittchen" hat nämlich zwei Schönheiten; sie ist doppelt schön. Einmal ist sie schön als Magd für die Zwerge, weil sie deren Arbeit tut. Die Zwerge holten ihre sieben Lichtlein und beleuchteten Schneewittchen. „Ei, du mein Gott" riefen sie, „was ist das Kind schön".

Die „zweite Schönheit" zeichnet „Schneewittchen" aus als „Königin ..." Der Spiegel: „Aber die junge Königin ist noch tausendmal schöner als Ihr". So schön hätte Amine sein können als 1. Jungfrau und geschmückt wie eine Göttin.

So wird auch Amine, durch den Blumen-Schmuck, den Egle ihr zurückgibt im 7. Auftritt, zur 1. Jungfrau mit Kränzen zum Tanz. Und im 8. Auftritt zeigt Egle im „SPIEGEL" Amine als „schöne Tänzerin".

Auch „Gretchen" war „schön".

Faust: 2609/2610:
„Beim Himmel dieses Kind ist „schön!"
„So etwas hab ich nie gesehn".
Gretchen erzählt, daß sie Magd, war, aber mit der „Goldnen Kette" glaubt sie eine Edelfrau, eine 1. Jungfrau zu sein, die zum Fest zum Tanz geht.

Im „ZWINGER" bringt Gretchen der Mater dolorosa „frische Blumen" und betet: 3596 ff:
„Wer fühlet, Wie wühlet
„Der Schmerz mir im „Gebein,"
„Was mein armes „Herz" hier banget,"
„FUSS UND HERZ" bezieht sich auf den „TANZ", auf den sie mit Faust ging, als „GRASAFF".

Aber „FUSS UND HERZ" bedeuten auch den „rechten Mutterweg gehen". Nicht vom Wege abkommen. ROTKÄPP-CHEN versprach der Mutter, nie wieder vom Wege abzulaufen. So geht nun auch Gretchen zur „Mater Dolorosa" auf den „rechten Weg". Und im „KERKER" singt sie:
„Mein Schwesterlein klein,
„Hub auf die Bein,
„An einem kühlen Ort. (Der kühle Ort ist, wo die Mutter ruht).

SIEBENTER AUFTRITT

Beginnt mit „Herz und Scherz" und „TANZ und LUST". Amine in Tränen als Magd und Eridon mit Flöte erlaubt nicht, daß sie zum Tanz geht: das ist „Herz und Scherz". Die Kränze, die sie weg warf, zeigen Amine als „Lust-Opfer". Darauf Egle: Versprachst du ihm (Eridon) vielleicht, du wolltest bei ihm bleiben, um diesen schönen Tag mit Seufzern zu vertreiben (als Lust-Opfer). Das sind die Seufzer, die auch die „Schäferin" ihrem „Schäfer" entgegen brachte in „DIE NIXE IM TEICH".

Egle bezieht sich nun auf die „Kränze"; ich zweifle nicht mein Kind, daß du ihm so gefällst; als Magd. Als „Schneewittchen", die den Zwergen den Haushalt macht. Auch Eridon findet Amine als Magd „schön".

Nun geht Egle auf ihr „Hexen-Kind" ein: „Doch du siehst besser aus, wenn du den Kranz behältst … Nun bist du „schön". Das sind die zwei Schönheiten vom „Schneewittchen". Einmal als Magd, zum andern als „Hexen- Kranz. Im 8. Auftritt „verhext" Egle den Eridon mit dem „schönen Tanz-Mädchen", das er -statt der „Magd"-„schön" finden soll.

Amine steht mit „niedergeschlagenen Augen" da. Diese „niedergeschlagenen Augen" erscheinen auch im „FAUST" I wieder. Faust 2609 ff.
"Beim Himmel, dieses Kind ist schön!
… So etwas hab ich nie gesehn,
Wie sie die „Augen niederschlägt"
„Hat tief sich in mein Herz geprägt"
Gretchens Augen prägen sich in Faustens Herz ein.
„Augen und Herz" gehören zum Thema „KETTE".

Und Gretchen beim Spaziergang im „Garten" kommt auf das „Augen-Nieder-schlagen" zurück: Margarete 3165: „Saht Ihr es nicht? Ich schlug die Augen nieder".

Amine will anscheinend nicht mit zum „schönen Tanz" vom „Wohlleben!" Egle: „Es tanzt sich schön, Leb wohl!" Da fällt Amine Egle um den Hals und weint. Amine: „So weint mein

Herz …" Es weint Amines Auge und Herz. Auge und Herz bezeichnen die „KETTE". Dies ist das Freundinnen-Band der Kette, der „Perlen-Kette", die auch im „FAUST" erscheint:
Faust 3670/3671:
„Nicht ein Geschmeide …
„Meine liebe Buhle damit zu zieren?
Mephisto 3673: „Ich sah dabei wohl … eine Art von Perlenschnüren" (Tränen-Kette).

Gretchen ist keine 1. Jungfrau mehr sondern ein „liebe Buhle". Eine „liebe Buhle" entwickelte sich aus Faustens „Herz und Scherz" und „Tanz und Lust" Spiel. „Kind ist Kind" und „Spiel ist Spiel" sagte Mephisto.
Auch Bruder Valentin unterstreicht das Thema: „Auge und Herz" ist gleich „KETTE": 3754, ff
„Dir soll das Herz im Leib verzagen,
„Wenn sie dir in die Augen sehn!"
„Sollst keine Goldne Kette mehr tragen!"

Herz und Augen bilden eine „Kette". Aminens weinendes Herz und weinendes Auge bilden die „PERLEN-KETTE".
Egle wird diese „Kette" umdrehn und in eine „SCHLEIFE" verwandeln, im 8. Auftritt. Im 1. Auftritt fehlte „das Band zur Schleife" noch. Im 4. Auftritt brachte Lamon das „schöne Band". Und im 7. Auftritt wird „das Band zur Schleife" vollzogen; es führt zum „Paar übers Kreuz".

Lamon faßt Amine bei der Hand, singt und tanzt,
Beide „Partner" gehören unterschiedlichen Paaren an.
Lamon gehört zum 1. Liebes-Paar und Amine zum 2. Liebes-Paar.

Sie bilden ein „neues-Liebes-Paar", und dadurch bilden sie eine „SCHLEIFE"

Das sind die „Paare", die eine „Schleife" bilden.
Diese „Schleife" erscheint in anderen Werken Goethes, z.B. in: „DIE LEIDEN DES JUNGEN WERTHERS".
Dort erscheint die „Schleife" als Ding-Symbol, d.h. man kann sie sehen.

Auch in „DIE WAHLVERWANDTSCHAFTEN" ist das Thema: „Paar übers Kreuz" von Bedeutung.

Im „FAUST" haben wir das Paar: Gretchen-Faust; und dann das Paar: Helena-Faust, aber in „FAUST II" 4. Akt sagt Faust über sein „jugenderstes, längstentbehrtes, höchstes Gut ... wie Seelenschönheit ... „löst sich nicht auf, erhebt sich in den Äther hin und zieht das Beste meines Innern mit sich fort:10066.
Das 1. Paar wird auch das „Letzte Paar".

ACHTER AUFTRITT

Schon lange wünschte sich Egle das Glück den „Schäfer" zu bekehren und zu lehren. Die „Flöte" zeichnet Eridon als „Schäfer" aus. Er wirft sie weg, als er hört, daß Amine-die Ungetreue-mit Lamon eine „Schleife" bildet, oder das „Paar übers Kreuz" darstellt.

Egle erklärt in „gesetztem Ton" das Thema von „Herz und Scherz" und „Tanz und Lust." und schließt mit: „Sie kann den Tanz, das Spiel, und doch dich immer lieben. Das Ziel ist Eridon für den Tanz zu gewinnen.

Egle erwähnt nun die „KETTE":
„Sie zaudert, also bald verdüstert sich dein „BLICK",
„Nun folgt sie dir, doch bleibt ihr „HERZ" zurück.
„Kunst-Stil-Merkmal": „BLICK GEGEN HERZ" = „KETTE".

Egle nennt dies eine „SKLAVEN-KETTE". Und Egle tritt für die „Freiheit" bei der „Lust vom Tanz" ein, und so bringt sie das Vögelchen als Beispiel. Der „treue Vogel", wenn er Freiheit genießt und zurückkehrt, dann weiß Eridon, daß der Vogel treu ist. Es handelt sich hier um einen „Scherz" von „Tanz und Lust" und „Freiheit". Im 1. Auftritt hieß es: „Da er der Wiese Gras um deine Tritte neidet". Das ist der „Grasaff", der der Wiese Gras bei „Tanz und Lust" in „Freiheit" genießt. Mephisto nannte Gretchen einen „Grasaff". „FAUST I"(3521):"Der Grasaff! ist er weg?"

Egle vergleicht das „Tierchen" mit Amine, die die „Freiheit" genießt und vom Tanz bewegt zurückkommt, und ihre Blicke zeigen, daß die Lust nie ganz vollkommen ist und sie schwört: „ein Kuß sei mehr …"
Egle dreht den „Blick um". Es ist kein harter Blick mehr, wie im 2.Auftritt sondern ein „Blick", der den „Kuß" sucht.
Das „HELDEN-BAND THEMA" von „Blick und Kuß" wird umgedreht durch Egle.

Das Thema von „Freiheit" bei der „Lust vom Tanz" macht aus Gretchen-aus dem „Grasaff"-eine „Buhle".

Diese „Freiheit" von Egles Vögelchen hat etwas mit Mephistos „Freiheit" zu tun. Mephisto erscheint in Faustens Studienzimmer 1536 ff:

„In rotem, goldverbrämtem Kleide ... und bittet Faust „dergleichen gleichfalls anzulegen;
„Damit du „losgebunden frei",
„Erfahrestwas das Leben sei."
(Also Faust ist, „losgebunden frei" von jedem Gesetz, auch als er Gretchen verführt).

Dieses „losgebunden frei" erscheint durch Egle im 8. Auftritt mit Vögelchen. Und dieses Vögelchen wird im „FAUST", KERKER, GRETCHEN: „4419/4420. „Da ward ich ein schönes „Waldvögelein; „Fliege fort, fliege fort!"

Durch Faustens „losgebunden, frei" ist Gretchens „Sinn zerstückt" und „Kopf verrückt" geworden.

Thema: „GLÜCK"
Eridon konnte sich nicht daran gewöhnen, daß „Mancher ihr (Amine) beim Tanz die Hände drückt, der eine nach ihr sieht, sie nach dem andern blickt. Eridons Herz möchte da vor Bosheit reißen!"

Im 5. Auftritt war Eridons Herz von Wonne hoch entzückt: „Wenn mir dein Auge lacht, wenn deine Hand mich drückt."
Dies war Eridons Glück, (Auge und Hand).

Egle zerstört nun dieses Glück und sagt weiter: „Sogar ein „Kuß" ist nichts!" Das ist Egles „Stimme der Tücke", denn für Amine und Eridon ist der „Kuß" = „LIEBE UND LEBEN" wie bei „Dornröschen" und Halteband Egles „Stimme der Tücke" ist der „Verräter-Kuß", der nichts sagt, aber nun zum „REIZ-KUß" WIRD.

ES FOLGT DIE „SCHLEIFE" geformt von dem „Paar übers

Kreuz": diesmal wird sie vollzogen von Egle, die zum 1. Paar gehört, und von Eridon der zum 2. Paar gehört:

DIE „SCHLEIFE" BEGINNT MIT:
EGLE STELLT SICH IMMER ZÄRTLICHER, LEHNT SICH AUF SEINE SCHULTER, ER KÜSST IHRE HAND.
Egle spielt ihm vor, daß sie Amine ist, die ihn sucht, und endlich sieht sie dich! „O welcher Augenblick." Und Egle stellt nun Amine in ihrem „geistigen Spiegel" vor, als ihr „Hexen-Kind" Schneewittchen", als ihr „Tanz-Lust-Mädchen": „Ein Mädchen wird beim Tanz verschönert, rote Wangen, ein Mund „der lächelnd haucht … um die „bewegte Brust" ein sanfter Reiz … „ Die roten Wangen stammen von der bewegten TANZ-BRUST, und der MUND haucht nur, aber sagt nichts. Hier hätten wir also einen „Kuß der nichts sagt."

Im „SPIEGEL" ist aber Amine die Beute von Eridon (als Wolf).
Und die „bewegte Brust", die sich als „Röte" auf dem Gesicht zeigt ist von der „bewegten Tanz-Brust", und nicht von der „wallenden Brust des Herzens", wie im 2. Auftritt erwähnt.

„O welcher Augenblick" bedeutet auch: die Augen blicken in den „SPIEGEL" und sehen das „Tanz-Mädchen" in Egles „Zauber-Spiegel" Dieses „Tanz-Mädchen" ist „entzückend" für Eridons „Blick". (Egle affektiert eine zärtliche „Entzückung"; sie „entzückt" den Mann ehe sie ihn niederschlägt,) und sinkt an seine Brust, er schlingt seinen „Arm" um sie.) Hier wird Eridons „Arm" zum ersten Mal aktiv, nämlich als er die „SCHLEIFE" ums „Paar übers Kreuz" zieht. Dies ist dann auch Faustens Arm: „FAUST I" 2605/2606:
„Mein schönes Fräulein, darf ich wagen,
„Meinen Arm und Geleit Ihr anzutragen?"

Das ist Faustens „Tanz-Arm" oder der „Arm eines Galans".

Die „Wollust" Egles „Entzückung" zu sehen, hat Eridon nicht nötig. Er fühlt die „Rührung" an Egles Brust. (Er fällt Egle um den Hals und küßt sie):
Er folgt Egles „leichtfertigem TON" über den „Kuß", über Egles „Stimme der Tücke", oder den „Verräter-Kuß", sie nennt Eridon einen falschen, ungetreuen Menschen.
Eridon: „Du mußt mich nicht verraten." Und Eridon über den Verräter-Kuß: „Und wenn Amine mich auch noch so „reizend küßt, „Darf ich nicht fühlen, daß dein Kuß auch reizend ist."
Eridon ist durch Egles „Hexen-Spiegel" zum „Wolf" geworden. Der „Kuß der nichts sagt", ist zum „Kuß der Lust" zum „Kuß des Reizes" zum „Kuß der Gier" geworden. Dieser Kuß hat Eridon zur Lust auferweckt. Der „Kuß" ist zur „Stimme der Tücke" geworden, und die „Stimme der Tücke" stellt die Verbindung zum „LETZTEN AUFTRITT" her.

Im 7. Auftritt sang Egle zur „SCHLEIFE" der „Paare übers Kreuz" Lamon und Amine: „Und wenn euch der Liebste … mit Falschheit euch neckt: „dann singet und tanzet, da „hört" ihr ihn nicht." Dieses „ihn nicht hören", wird im „Letzten Auftritt" mit „sehen" verbunden. Amine: „Ich muß, ich muß ihn sehen". „HÖREN UND SEHEN" ist das „Kunst-Stil-Merkmal" von der „STIMME VOM LICHT"

Der „Kuß" als „Stimme der Tücke" erscheint in:
„DIE LEIDEN DES JUNGEN WERTHERS", Zweites Buch, Am 12. September. Hier wird Egles „geistiger Spiegel" zu einem wirklichen Spiegel, also einem „Ding-Symbol; und Werther wird erweckt zur „Lust".

Ein Kanarienvogel flog von dem Spiegel Lotten auf die Schulter.-Der Vogel küßt Lottens „süße Lippen" und soll nun auch Werter küssen.-Das Schnäbelchen machte den Weg von ihrem Munde zu dem meinigen, und die pickende Berührung war wie ein „H A U C H", eine Ahnung liebevollen Genusses.

Das „Tanz-Mädchen" in „DIE LAUNE DES VERLIEBTEN" hat auch einen Mund, der lächelnd „haucht". Hier wie da wird die „Stimme der Tücke" mit einem „Hauch" verbunden. Es ist also wieder das Thema „WORT UND SINN", das die Werke verbindet.

Sein „Kuß" sagte ich, ist nicht ganz ohne Begierde, ..."
Der „Kuß vom Hauch" bedeutet in beiden Werken „Begierde".

Sie sollte es nicht tun! sollte nicht meine Einbildungskraft mit diesen Bildern himmlischer Unschuld und Seligkeit reizen, und mein Herz aus dem Schlaf nicht wecken! -

Es ist der „Reiz-Kuß", der auch Werther aus dem Schlaf zur Lust erweckt.

Der „Spiegel" erscheint auch im „FAUST", „Hexenküche". Es ist der Zauber-Spiegel. Faust 2430/2431: „Was seh ich? Welch ein himmlisch Bild zeigt sich in diesem Zauber-Spiegel! ... Und Mephisto spielt mit dem Wedel und Faustens Busen fängt an zu brennen. Mephisto schürt das Feuer im Busen, oder den „Reiz zur Lust", so dass Faust nicht widerstehen kann, wie es auch Eridon nicht konnte.

LETZTER AUFTRITT

Amines „STIMME VOM LICHT" wird zur „STIMME DER REUE":
„Geliebter Eridon mich reuts ich gehe nicht!"
Eridon: „Ich falscher!"
Egle: „O laß ihn gehen! Er hat mich erst geküßt."
Egle bestätigt hier Eridons „Stimme der Tücke": also den „Verräter-Kuß".

Amine will ihm verzeihen: „nur wende dich zu mir!"
Amines Herz, die mächt'ge Rednerin, soll sprechen. Das Herz wird wieder „personifiziert", wie schon im 6. Auftritt.
Eridon erklärt nun seinerseits wie es zu dem „Kuß der Stimme der Tücke" kam, und Eridon (fällt vor Amine nieder.):
Eridons „FALL" und Ausruf: „Amine"! „Liebstes Leben!"
(Der Fall erschien bereits im 3. und 5. Auftritt.)

Es handelt sich hier um das „alte Wort", das Helena zu Faust sagt: im „FAUST II", Dritter Akt, 9939 ff:
„Ein altes Wort bewährt sich leider auch an mir:
„Daß Glück und Schönheit dauerhaft sich nicht vereint.
„Zerrissen ist des Lebens wie der Liebe Band;"

Eridons „Liebstes Leben" = „LIEBE UND LEBEN" verbindet sich mit: „GLÜCK UND SCHÖNHEIT". Eridon;
„O zürne du mit ihr! (mit Egle)
„Sie machte sich so schön; ich war dem Mund so nah und konnt nicht widerstehn." Das Band von „Glück und Schönheit" und „Liebe und Leben" beginnt bereits in Goethes 1. Werk.

Hier nimmt Eridon Bezug auf „Egles Spiegel" im 8. Auftritt, wo Egle das „schöne Tanz-Mädchen als Amine (ihre Hexen-

Tochter) vorstellte, deren Mund lächelnd haucht, aber nichts sagt, aber reizt. Dem Reiz konnte er nicht widerstehn. Der Reiz, die Lust, die „Gier" ist Eridons neue „STIMME VOM LICHT" Eridon „So eine kleine „LUST" wird dir mein Herz nicht rauben.

Egle zu Amine: „Küß ihn, weil er so vernünftig spricht." VERNÜNFTIG ist sozusagen ein neues LICHT, DAS ERIDON AUFGEGANGEN IST. ALSO „KUSS" ist die „neue Stimme der Tücke vom Licht". Es ist der Kuß der Lust, der „Stimme vom SCHEIN DES HIMMELSLICHTS".

Im „PROLOG IM HIMMEL", FAUST I, sagt Mephisto zum HERRN: 281 ff.:
„Der kleine Gott der Welt bleibt stets vom gleichen Schlag,
„Und ist so „wunderlich" als wie am ersten Tag.
„Ein wenig besser würd er leben,
„Hättst du ihm nicht den „SCHEIN DES HIMMELSLICHTS" gegeben.
„Er nennts „VERNUNFT" und braucht's allein,
„Nur tierischer als jedes Tier zu sein,"

Hier haben wir wieder ein Beispiel von „WORT und SINN". Im 4. Auftritt von „DIE LAUNE …" erschien bereits das Wort „WUNDERLICH" in Verbindung mit Egles „Kuß". Egle zu Lamon:
„Komm gib mir doch den Kuß von deiner Chloris wieder". Es handelt sich um den auswechselbaren Kuß, um den Kuß vom Reiz, und nicht den Kuß von der „Stimme des Herzens", und Amine sagt dazu: „Seid ihr nicht wunderlich."
Zu „wunderlich" (4. Auftritt) gesellt sich nun im „Letzten Auftritt" zu Eridons und Egles Kuß die „Stimme des Lichts" = „VERNUNFT". Neue „Stimme des Lichts" ist die „wun-

derliche Vernunft", die im „PROLOG" der „Schein des Himmelslichts" ist.

Anschließend folgt das Thema: „Herz und Scherz" und „Tanz und Lust". „Lust raubt ihr nicht dein Herz, dir raubt sie ihres nicht", dies ist bereits „Herz und Scherz". Und die „Hände drücken" und nach dem andern „blicken" ist gegen Eridons „Glück" aus dem 5. Auftritt.

Aber die „LUST" oder „GIER" ist so stark in Eridon geworden, daß Egle sagt: „So, Freund! du mußtest dir dein Eigen Urteil sprechen;"
Hier besteht wieder durch das „Kunst-Stil-Merkmal" „WORT UND SINN" eine Verbindung zu „Grimms-Märchen": „Die Nelke".
„Die Nelke" ist zwar eine „Blume", aber sie ist auch ein „Märchen".

„Die Nelke" wird durch „WORT UND SINN" mit Eridons neuer Erkenntnis von der „Stimme vom Licht" verbunden. Im 1. Auftritt brachte Lamon die Nelke für Egle. Im „Letzten Auftritt" erwähnt Egle „die Nelke" indirekt, durch ein Beispiel von „WORT UND SINN", sie sagt zu Eridon:
„So, Freund! du mußtest dir dein eigen Urteil sprechen".
Im Märchen „Die Nelke" heißt es:
„Nun will ich dir dein Urteil sprechen.
„Du sollst ein „schwarzer Pudel Hund" werden, und eine „goldne Kette um den Hals" haben, und sollst glühende Kohlen fressen, daß dir die Lohe „zum Hals heraus schlägt." Und wie er die Worte ausgesprochen hatte, so war der Alte in einen „Pudel-Hund" verwandelt, und hatte eine „goldne Kette" um den Hals".

Wie Eridon so wird auch Faust gierig nach der „LUST".
Die „Lust" ist der „Schein des Himmelslichts" und die gehört in Mephistos Gebiet. „FAUST I", STUDIEZIMMER, FAUST 1554 ff.:Faust: „Nur mit Entsetzen wach ich morgens auf, ich möchte bittre Tränen weinen, Den Tag zu sehn, der mir in seinem Lauf nicht einen Wunsch erfüllen wird, nicht einen. Der selbst die Ahnung jeder „LUST" mit eigensinnigen Krittel mindert, …
„Und so ist mir das Dasein eine Last, Der Tod erwünscht, Das Leben mir verhaßt." Dies sagt Faust zu Mephisto. Mephisto erscheint zuerst als „schwarzer Pudel" und er bringt die „goldne Kette" für Gretchen.

Gretchen denkt, daß die „goldne Kette" Geld und Ehre bedeutet: Gretchen 2792/2793:
„Ein Schmuck! mit dem könnte eine Edelfrau am höchsten Feiertage gehn."
Aber Mephisto brachte den Schmuck: 2746/2747:
„Um Faust das süße junge Kind
Nach Herzens Wunsch und Will zu wenden."
Die „goldne Kette" drückt Faustens „Wunsch und Will" nach der „LUST" aus.

Die „goldne Kette" wurde in „Die Laune des Verliebten" entwickelt. Sie wird zum „DING SYMBOL" im „FAUST", und ein „DING SYMBOL" kann man sehen.

Aus Goethes Werken kann man erkennen:
„Wie alles sich zum Ganzen webt,
„Eins in dem andern wirkt und lebt."

Die „LUST" verbindet auch Goethes erstes Werk:

„DIE LAUNE DES VERLIEBTEN" mit seinem zweiten Werk:
„DIE MITSCHULDIGEN"
„Ein Lustspiel in Versen".

Es ist ein „Spiel der LUST VOM TEUFEL".

DIE MITSCHULDIGEN

Das „LUST SPIEL" wickelt sich in der ersten Fassung in einem Akt ab, der in der endgültigen Fassung zum 2. und 3. Akt aufgespalten und dem der 1. Akt vorangestellt wurde. In dieser Gestalt gelangte es 1776 in Weimar im Freundeskreis zur Aufführung. Nach weiteren Veränderungen erschien es gedruckt 1787 im 2. Band von Goethes Schriften.

Der neue Anfangsakt, der dem Ganzen vorangestellt wurde, unterstreicht die „künstlerische Einheit", die Goethe anstrebt. Durch „WORT UND SINN" werden bereits bekannte Themen aus „DIE LAUNE DES VERLIEBTEN" aufgenommen und in „DIE MITSCHULDIGEN" weiter bearbeitet.

Der erste Satz heißt:
„Schon wieder auf den „BALL"!
„BALL" ist ein Synonym vom „TANZ", oder „FEST", oder „LUST SPIEL".
In „DIE LAUNE …" wurde Eridon belehrt über die LUST, die beim Tanz, beim Fest, beim Ball herrscht. Die „LUST" wurde durch den Ver.äter-Kuß erweckt. Dieser Verräter-Kuß entstand in Egles „geistigem Spiegel", in dem sie das „schöne Tanz-Mädchen" zeigte: „Sie machte sich so schön, und Eridon konnte nicht widerstehn." Dieses Thema: „Geistiger Spiegel" oder „Geist im Glas" setzt sich fort im „Grimms Märchen: „Geist im Glas", Merkurius-das Silber-sitzt in der „Flasche" oder im „Glas".

Im 2. Aufzug, 1. Auftritt sieht Söller Alcestens Geld, schön gemünzt.
„Das ist wahre Lust!" sagt Söller.

„LUST" ist einmal der Verräter-Kuß (Gold), und zum andern ist die „wahre LUST" Alcestens Silber (Merkurius).
Hier haben wir ein Beispiel von Goethes „erweitertem STIL" von „Lust". (Er kommt in „CLAVIGO" darauf zu sprechen, bei der Erklärung seiner „BLUME".)
Später will Söller „Gold" gegen „Silber" eintauschen, beides bedeutet „LUST". Hier haben wir ein Beispiel von „WORT UND SINN".

Der Wirt hat Söllers „Rasen" zum „Ball" satt, d.h. der Wirt hat die „Gier" satt, die Söller für Alcestens Silber entwickelt, oder für die „wahre Lust".

Der „TANZ" bedeutet auch „WOHLLEBEN", siehe „Die Laune ... 7. Auftritt."
„Es tanzt sich schön. LEB WOHL". Und auch „DIE MIT-SCHULDIGEN" sind alle „Am WOHLLEBEN" interessiert.

Söller trinkt auf „Ihr Wohlergehen, Papa", und auf „Fiekchens Vergnügen". Vater Wirt antwortet: Da halt der „HENKER" „FRIEDEN".
Der Wirt zum „SCHWARZEN BÄR" hat sich 20 Jahr mit „EHREN" gehalten und wünscht sich „Geld mit Haufen".
Der Vater will Geld und Ehre für sein „Wohlergehen", und „Friede" durch den „Henker".
Söller zeigt die „Gier" zum Geld durch das „Rasen zum Ball", und Sophie ist auch nicht „satt" (I,2). Alle haben „Gier" nach dieser Lust.

Söller spricht dann noch von einem „ZUG", der für Amerika „Sukkurs" und „Geld" bereitet. Der Wirt wünscht sich einen „BRIEF" von seinen Freunden, die mit dem Zug gehen. In

„DIE LAUNE … „ 7. Auftritt, mußte Egle zum Zug. (zum Welt Lauf). Zug zum Wohlleben. Der „BRIEF" ist verbunden mit „RAUM, ZEIT und SPASS".

Über diesem kleinen Werk stehen die Worte der ENGEL;

„EHRE SEI GOTT IN DER HÖH"
„FRIEDE AUF ERDEN"
„UND DEN MENSCHEN EIN WOHLLEBEN"
„DIE GUTEN WILLENS SIND."

Aber „EHRE" wollen Sophie und ihr Vater, und auch Geld zum „Wohlleben". Auch Söller ist am „Geld" zum „Wohlleben" interessiert.
„GUTEN WILLENS" sind alle 3 nicht, darum sind alle „MITSCHULDIGE".

I,2
zeigt das Ehepaar „Sophie und Söller".
Söller verbindet mit Sophie, (die durch die Ehe sein Besitz wurde), das Band von „Schönheit und Glück" und von „Liebe und Leben".
„Sophie wie schön du bist, ich kenne gar zu wohl das Glück, dein Mann zu sein. „Ich liebe dich." (Aber das „Leben" mit Söller ist eine „Plage", denn Söller beanstandet die „SCHLEIFE", die Sophie und Alcest bildeten (vor der Ehe) als „PAAR ÜBERS KREUZ":

Daß dich Alcest geliebt, daß er für dich gebrannt,
Daß Du ihn auch geliebt, daß du ihn lang gekannt.
Gebrannt zeigt das „Herzband vom Feuer" an.(Flammen-Band).

Dieses „Flammen-Band" erschien schon in „DIE LAUNE ...
6.Auftritt," zwischen Amine und Eridon. Als Amine zum Tanz
wollte, hielt Eridons Flamme Aminen zurück.

Es folgt die Beschreibung des „Kusses der Leidenschaft", ver-
bunden mit dem „Glas Wein" und dem „Sinken". Aber es ist
das „Silber" „Merkurius" aus dem „Weinglas", das Sophie zum
„Sinken" bringt, und nicht der Kuß der Leidenschaft, wie
Sophie ganz richtig erklärt: „Du kennst mich nicht genug".
Sophie bezieht sich hier auf den „Kuß vom Nichts" aus „DIE
LAUNE ... 4. Auftritt, auf den „Chloris Kuß", ohne Leiden-
schaft. Es ist der „Verräter Kuß" aus Egles „Geist im (Spiegel)
Glas" auf den sich Söller bezieht, wenn er den „Kuß" mit einem
„Gläschen Wein" vergleicht. Also der „Geist im (Wein) Glas",
wie die „Leidenschaft des Kusses" soll Sophie zum „Sinken"
bringen. (II,4 = „Freundschafts-Kuß".) In „DIE LAUNE ...,
Letzter Auftritt" führte dieser Kuß zum Sinken zum „Schwar-
zen Pudel". Sophie kennt keine „Gier" zum Küssen. Aber sie
wird trotzdem „Sinken", als „Lust-Opfer" durch Söllers Silber-
Diebstahl.

Es folgt die „SCHÄFER-PFEIFE"
die auch bereits in „DIE LAUNE ... 8.Auftritt" erschien.
Sophie ist sich der „Pflicht" gegenüber ihrem Mann bewußt
sagt sie. Und Söller meint: „Ein Mann ist immer mehr als
„Herrchen die nur pfeifen". Er als Ehe-Mann hat mehr Ge-
wicht. Es gibt noch ein Geplänkel über den „TON,", den
hat man satt. Der „TON" zeigt die „Stimme der-Tücke" an,
wie schon in „DIE LAUNE ... 1. Auftritt". Und der „TON
DER STIMME DER TÜCKE" erscheint dann in III, 8.
Auftritt.
Die „SCHÄFER PFEIFE " gehört zum Thema: „Er soll dein
Herr sein".

Es folgt noch Sophies Klage, sie sagt: „Willst du ein braves Weib, so sei ein rechter Mann!" Ein rechter Mann muß „Geld und Zeit" für seine Frau haben. „Geld und Zeit" wollte schon Vater-Wirt von Söller für Sophie, die er als Ehe-Frau erhielt.

Sophie will die „LUST zum BALL", die jede Frau hat.
Sie ist nicht hungrig, aber auch nicht satt.
Auch Sophie hat die Gier zur „LUST", Die Gier zum BALL, und auch die „Gier zum Silber".

In I,3:
wird Sophies „Glück" und „Wohlleben" beschrieben.
In „DIE LAUNE …" wurde Egles Glück durch ihren „Blick" erklärt, es war der „Blick einer Göttin". Und in „Die Laune … " 5. Auftritt setzte Amine Egles „Blick" auf ihr Herz, um ebenfalls zum „Glück" von „Tanz und Lust" zu kommen. Aber Eridon bemängelte diesen „Blick" einer Göttin und zog sich zurück. Er wollte kein „TOR" sein, und Amine wurde ein „Lust-Opfer".

Jetzt erscheint das Thema vom „Lust-Opfer" wieder durch Sophie.
Die Zeiten sind vorbei, da jeder sein Geschick in Sophies „Blicken" sah, und Sophie wie eine „GÖTTIN" da stand. Alle „Lust" ihr „geträumtes Glück" sind vorbei seit Söller ihr Mann geworden ist. Seit dem ist sie wie „begraben".
Sophie ist das „SCHNEEWITTCHEN" geworden, das im „GLAS-SARG" liegt, tot. Sie liegt hier „ohne LIEBE und LEBEN", ohne „Wohlleben", „ohne TANZ UND LUST". Diese Themen: „LIEBE und LEBEN" und „TANZ und LUST" erschienen bereits in „DIE LAUNE …" Sophie ist „ohne Glück".
Sophie im „GLAS-SARG".

In diesem Zustand denkt Sophie an Alcest:
„DIE BRUST IST MIR SO VOLL.
„Ich weiß nicht, was ich „WILL", viel weniger was ich soll."
Hier tritt Sophies „Wille" in Erscheinung.
Sophie hat 3 Herren:
Den Vater, der sie an Söller für „Geld und Zeit" verkauft hat,-
Söller, dem sie durch Pflicht-Erfüllung der Ehe gehört.(was
sie soll) und von dem sie als „rechter Mann" auch „Zeit und
Geld" verlangt und Alcest … Sophies „Wille" ist hier noch
nicht klar. Das wird Thema: „HERZ und SCHERZ". (In III,2
und III,8).

Amines Herz war auch so voll von Liebe, „DIE LAUNE … 3.
Auftritt „ für Eridon. Und als sie im 6. Auftritt ihren „Willen"
zeigt, hört sie Musik: ihr Herz hüpft, ihr Fuß will fort und
Amine: „Ich will". Da halten Eridons Flammen sie zurück.

„WORT und SINN": „Volle Brust" und „Volles Herz" weisen
auf ein gemeinsames Thema in „DIE LAUNE …" UND „DIE
MITSCHULDIGEN" HIN. Es ist das Thema „Vom guten
Willen".

Dieser „gute Wille" hängt mit dem „Herzen" zusammen und
das wird bei Sophie zum Thema: „HERZ UND SCHERZ"
(III,8 Sophie als „Lust-Opfer" „Mein Herr ich scherze nicht"
sagt sie zu Alcest.)

Auch für Sophie gilt:
„EHRE SEI GOTT IN DER HÖH"   (In III, 8 nahm Vater
                                          Wirt ihr
„FRIEDE AUF ERDEN"   die „Ehre", und sie klagt.
„UND DEN MENSCHEN EIN   (Sophies „Wohlleben"
WOHLLEBEN"   wäre Alcestens

„DIE GUTEN WILLENS SIND"   Silber, ein guter Wille besteht nicht
                            „Silber" ist die „wahre Lust".

„Silber" ist die „wahre Lust".

I, 4:
Bringt das „WIEDERSEHN" vom „PAAR ÜBERS KREUZ"
SOPHIE UND ALCEST: Sophie versagt Alcest „ihre „HAND",
denn die gehört-durch die Ehe-ihrem Mann Söller.
Es folgt die „STIMME VOM LICHT", MIT DEM „KUNST-
STIL-MERKMAL „HÖREN und SEHEN":
Alcest: „Sieh her"! "Es ist Alcest, der um "GEHÖR" dich bit-
tet. „SEHEN UND HÖREN" IST DIE STIMME VOM
LICHT. Oder die „Stimme vom Wolf", der seine Beute sucht.
Diese „Beute" ist Sophies „Armes Herz", das zerrüttet ist. Das
„Herz" mit dem „Willen zu seinem Herrn."

Alcest dachte nun an sein „Glück". Die Flammen schlugen
beide hier zusammen, und Sophies „Auge und Lippe"-"BLICK
UND KUSS"-DAS HELDEN-BAND aus „die Laune …" war
Alcestens „Glück". Während Sophies „Glück" war: Alcesten zu
sehn und an ihn zu denken! Dies zeigt Alcestens egoistische
Liebe.(Wie schon Eridons).
Alcest nennt Sophies Herz-ein Falsches-worauf sie protestiert:
Alcest, ich liebe dich. Darauf Alcest: Du ENGEL! BESTES
HERZ! (Er will sie umarmen) Er will die SCHLEIFE voll-
ziehen.
„WORT UND SINN" sind hier wieder das „Kunst-Stil-Merk-
mal", das „DIE LAUNE … mit „DIE MITSCHULDIGEN"
verbindet. Auch Eridon sagt im 3. Auftritt zu Amine: „Groß-
mütes, bestes Herz, laß mich zu deinen Füßen-wegen der
„Liebe", die sie für ihn hat. Aber hier in „DIE MITSCHUL-
DIGEN" hat die Sache einen Haken:

Sophie: „Ich höre jemand gehen." Sophie ist kein Engel, der Teufel hat sein Spiel und geht auf dem Gang.

Alcest wird ärgerlich wegen der Störung. Er will, daß Sophie ihn heute nacht besucht. Er sei nicht „umsonst" gekommen. Sophie ist das „Halte-Band", um das er hier ist. Das Halte-Band heißt: SPASS haben.

Thema: „RAUM, ZEIT und SPASS". Wie der Brief den sich der Vater wünscht.

I, 5:

In 1,5 erscheint nun der Brief, der den Wirt mit dem „Welt-Lauf" verbinden soll. Der „Brief" hatte zum Thema: „Raum, Zeit und Spaß." Der Brief ist für Alcest gekommen, aber der Wirt möchte den Inhalt wissen aus „Neugier" oder „Gier" auf Geld und Ehre. Alcest, nachdem er den Brief gelesen hat, verlangt die Rechnung vom Wirt für „Raum und Zeit", ohne „Spaß" mit Sophie gehabt zu haben.

Sophie das „schmeichelnde Gesicht" bittet Alcesten: „Verlaß Sophie nicht." Er ist ihr einziger Trost. In I, 2 war sie der Trost vom Vater, weil sie das Geld sparte. Jetzt ist Alcest Sophiens einziger Trost, weil er Geld oder Silber besitzt. Sophies „Wille" geht nun nicht zu ihrem Vater-der ist zu nahe-sondern zu Alcest: ihrem „Neuen Herrn". Das „schmeichelnde Gesicht" bezieht sich auf Sophies „Katzen-Geist". Auch in „Die Laune ... 1. Auftritt" erschien schon Amines „Schmeicheln".

Es ist die „List einer Katze", die Sophies Herz bestimmt, ihren „WILLEN" dem Alcest zu geben. Das ist kein „GUTER WILLE", wie es die „Engel" verlangen: „Ein Wohlleben für Menschen, die guten Willens sind." Sondern Sophie will ein „Wohlleben" mit Alcest:

„So komm denn liebes Kind."

„Nun willst du?
Sophie: „Ob ich will?
„Ich will zu dir kommen.
Das 3-malige Ich will bekräftigt Sophies „Willen".
Aber es ist kein guter Wille, sondern ein Wille zu Alcestens
Silber, zum Wohlleben, zum „Tanz und Lust", zum Ball, So-
phie ist „nicht satt"

Darauf Alcest: „Herr Wirt ich reise nicht!"
Er hofft auf den „Spaß" mit Sophie in „Raum und Zeit", beim
„Wiedersehen". Aber der „Spaß" fällt mäßig aus. Dies zeigt
schon das „Hut-schmücken" an.

Das „Hut-schmücken" stammt aus „Die Laune … 4. Auftritt:"
Lamon mußte Chloris den „Hut-schmücken", dafür erhielt er
das „Leichte Liebes-Band" zur „SCHLEIFE" und den „Kuß
vom Nichts".

Dieser „Kuß vom Nichts" spielt nun eine Rolle zwischen Sophie
und Alcest Es ist der „Freundschafts-Kuß und nicht mehr."
„WORT UND SINN" HALTEN „DIE LAUNE … UND
„DIE MITSCHULDIGEN" WIEDER
ZUSAMMEN.

I, 6:
Beginnt mit „Söllers Hut" den Sophie schmückte: Es geht
darum, daß man nie „mehr als einen Kuß" davonträgt fürs
„Hut-Schmücken" Dies wird der „Freundschafts-Kuß, durch
den dann Sophie auch nicht sinkt, denkt sie. Für Amine war
der Kuß noch die „Stimme des Herzens", für Sophie wird es
die „Stimme der Klage", durch den sie Mitleid erregt, und auf
„Trost" durch „Silber" hofft.

In I,6 beginnt nun der „Welt-Lauf", oder der Weg ins Glück, der Weg zu „Tanz und Lust", verbunden mit „ADIEU" was zu GOTT heißt. Aber es ist des Teufels Spiel, und sie werden zur Teufels-Strasse kommen (III, 9).

Im „PROLOG" im „FAUST" sagt der Teufel zum Herrn über Faust: 312-314:

„Was wettet Ihr? den (Faust) sollt Ihr noch verlieren,

„Wenn Ihr mir die Erlaubnis gebt, ihn meine Strasse sacht zu führen!"

Hier in „DIE MITSCHULDIGEN" beginnt bereits die „Teufels-Strasse", auf der Sophie und ihr Vater landen werden.

Es folgt der „Scherz mit dem Lust-Opfer".

Söller fragt Sophie, ob er sie mit auf den „Ball" nehmen soll.

„Da ist hier was das drückt" sagt er …

In „DIE LAUNE, auch 6. Auftritt" spricht Amine über das „Lust-Opfer", das sie brachte:

„Das Opfer rührte es ihn (Eridon) …

Was willst du armes Herz? Du murrst, drückst diese Brust …"

In beiden Werken „drückt das Herz die Brust", weil es nicht mit zum Tanz darf. „WORT UND SINN" LEITEN DAS THEMA „HERZ und SCHERZ" ein von „TANZ UND LUST", und „HERZ und SCHERZ" wird zum „LUST-OP-FER":

Das heißt: Söller will ein „Lust-Opfer" aus Sophie machen.

Söller: Nein sie ist wahrlich schön!"

Er läuft ihr nach und küßt sie.

„Schlaf wohl mein Schäfchen!"

Das „Schäfchen" wird Söllers „Lust-Opfer"

Söller will im nächsten Auftritt Sophie gegen das „Silber" von Alcest eintauschen. Alcestens Silber gegen die „Wahre Lust", die Sophie für Alcest ist. Söllers „Diebstahl vom Silber" bringt Sophie zum Sinken. Sophie sinkt: in III, 2 vorm Vater, in III, 7 vor Alcest, in III, 9 vor Söller: verbunden mit dem „FUSS DER TUGEND".

Der „ERSTE AKT" wurde der neue Anfangs-Akt, Er wurde dem kleinen Werk vorangestellt, weil er durch „WORT und SINN" „DIE LAUNE" mit „DIE MITSCHULDIGEN" verbindet.

Goethes „Kunst-Stil" erfährt eine „Erweiterung": Die „Lust" erschien im 1. Auftritt zum „BALL". Jetzt im 2. Auftritt wird die „Lust" zur „wahren Lust" = Alcestens Silber". Wie wärs? sagt Söller:
„Alcest hat Geld. Er hat auch große Lust, bei mir was zu genießen!
„Er schleicht um meine Frau: „LUST AUF GOLD"
„Da lad ich mich bei ihm zu Gast: „LUST AUF SILBER".
„GOLD und SILBER" sind „Gaben des Teufels.
So heißt es im „FAUST" 1678-1680:WAS WILLST DU ARMER TEUFEL GEBEN:
„Doch hast du Speise, die nicht sättigt, hast
„Du rotes GOLD, das ohne Rast
„QueckSILBER GLEICH, DIR IN DER HAND ZERRINNT, …
„ Faust wünscht sich „GOLD und SILBER", vom Teufel.

ZWEITER AUFZUG
DAS ZIMMER ALCESTENS

Im 1. Auftritt, 1. Aufzug wurde Söllers „Rasen" zum „BALL" von Vater Wirt kritisierte. Jetzt im 2. Aufzug ist Söller auf dem

„Weg zu Gott = Adieu". Er ist auf dem „WELTLAUF" MIT „SCHLEICHEN UND MIT LIST", obwohl alle zu Hause denken, daß er die Nacht beim „BALLE" sei. Aber er sucht den „Trost der Welt" ="Alcestens Geld".

„O komm, du Heiligtum! Du Gott in der Schatulle!-O schön gemünzt, ha! das ist wahre Lust!" Söller ist bei „Gott und der wahren Lust" angelangt Da hört er: „Es geht was auf dem Gang!" „Der Teufel hat vielleicht sein Spiel-das Spiel wär dumm!"
Er ist nicht auf dem Weg zu Gott, sondern auf der „Teufelsstrasse", der wahren Lust. Da hört er den „schweren Kater".
Im „PROLOG, FAUST I" wettet Mephisto mit dem Herrn, daß er Faust noch verlieren wird: 313 Wenn Ihr mir die Erlaubnis gebt
314 Ihn meine Straße sacht zu führen!"
und 329 Mir geht es wie der „Katze mit der Maus".
Des Teufels-Strasse, auf der Söller wandelt, hat die „LIST" einer Katze, und die „Maus" erscheint dann in III, 9. Des Teufels Strasse beginnt schon hier in „DIE MITSCHULDIGEN" mit dem „schweren Kater".

Der Wirt, der schwere KATER erscheint und will ebenfalls auf den „Welt-Lauf" gehen. Aber wie ihm Alcest in I, 6 schon andeutete: „Herr Wirt nicht einen Schritt" durfte er nicht. Alcest wollte verhindern, daß der Wirt auch „Raum, Zeit und Spaß" mit Sophie erlebt. So sucht der Vater jetzt nach dem „Brief" von „Raum, Zeit und Spaß". Aber er findet ihn nicht und wird am weiteren Suchen durch den „Weiber-Schritt" gehindert. „Es knistert, als wär's ein Weiberschuh."
Das ist Sophies Schuh und Tritt. Ihr Schritt knistert durch die „Flamme" der Gier. Sophie will ebenfalls zur „wahren Lust", zum Silber von Alcest zum Traum vom „Wohlleben."

Der Wirt verliert seinen „Wachsstock". Dieser Wachsstock soll die Herzen von Vater Wirt und Tochter Sophie „erweichen". Sophie findet diesen „Wachsstock", der im III Aufzug, 2. Auftritt wieder erscheint.

„HERZ und FUSS" erscheinen bereits in „DIE LAUNE …
6. Auftritt
Amine hört die Musik (vom Tanz)
„Es hüpft mein Herz, mein Fuß will fort. Ich will."
Amine will fort zum Tanz. Hier zeigt Amine zum 1. Mal einen „Willen". „Herz und Fuß" sind mit dem Willen verbunden. Wie schon „ROTKÄPPCHEN" nie wieder den „guten Mutter-Weg" verlassen wollte. So auch Gretchen, die zur „Mater dolorosa" geht, weil: Wer fühlet, Wie wühlet, Der Schmerz mir im Gebein, Was mein armes Herz hier banget.3596-3599. Fuß und Herz sind auch bei Gretchen vom „guten Mutterweg" abgekommen. Der „WILLE" entscheidet also den „WEG" den wir gehen.
Ehe Gretchen im „ZWINGER" erscheint, sagte sie zu Faust 3517-3518:
„Seh ich dich, bester Mann, nur an, Weiß nicht, was mich nach deinem „Willen" treibt; Es ist Faustens „Wille", der Gretchens „Herz und Fuß" zum „Tanz" treibt. Durch die „Hals-Kette" verliert Gretchen ihren Willen. Und Mephisto vergleicht hier Gretchen mit einem „Grasaff!"

Dieses Thema beginnt hier in „DIE MITSCHULDIGEN", mit dem „Knisternden Weiberschuh", oder auch mit Sophies „Schritt der Tugend". Dieser „Weiberschuh" ist auch in „DIE MITSCHULDIGEN" mit Sophies Willen verbunden. In I, 3 war Sophies „armes Herz" nicht auf Alcest gefaßt: „Wie liebt ich ihn … Die Brust ist mir so voll. Ich weiß nicht was ich will, viel weniger was ich soll.

Durch „WORT und SINN" IST SOPHIES „VOLLE BRUST"
mit Amines „Herz voll Liebe verbunden, aber Amines volles
Herz nur für Eridon schlug, ist Sophies „volle Brust": a) für ihren Ehemann Söller da aus Pflicht, und ihr „Wille" zum Herrn
Alcest ist noch fraglich. Ihr 3. Herr wäre ihr Vater, dem sie die
„schuld'ge Ehrfurcht entgegen bringen sollte III, 2.

In 1,5 klärt sich das Verhältnis: Sophie will weg vom Vater und
hin zu Alcest, ausgedrückt durch das 3-malige „Wollen" weiter
zeigt sich, daß Sophie in I, 2 zum Balle will, denn sie ist nicht
satt. Sophie hat auch die „Gier" zum Ball, die „Gier" zum „Wohlleben", also die „Gier" zu Alcestens Silber. Der „Weiberschuh
knistert aus Gier". Sophie will-wie ihr Vater-"Geld und Ehre".

So erscheint sie „gierig" im 2. Aufzug, 3. Auftritt:
in Alcestens Zimmer und spricht über ihren „verwegenen
Schritt":
zum „Rendevous" (Wiedersehen). Das „Wiedersehen" wird
auch ein Thema in Goethes Werken, z.B. bei „WERTHER".
Dieser „verwegene Schritt" folgt der Liebe, die aber ein „Irr-
licht" ist und vom Wege abführt.

Sophie wägt nun ab, ob sie ihrem „Herrn" Söller folgen soll, der
durch Heirat „ihre Hand" hat, oder „ihrem Herzen" folgen soll,
das für Alcest schlägt. „Hand" und „Herz" sind getrennt:
Da sieht sie den „Wachs-Stock" vom Vater, der die Herzen von
Vater und Tochter erweichen soll.
Sophie schließt ihre ÜBERLEGUNGEN AB, welchem der 3
Herren sie dienen soll mit der Einsicht:
„Du bist zu redlich Herz! Was ist denn dein Verbrechen? „

Sophies Herz und Sophies Wille entschließen sich für Alcest als
„ihren Herrn". Der „Herr Alcest" erscheint nun im 2.Aufzug,

4. Auftritt. Und in III, 8 erscheint dann der „Herr Alcest" in seiner „wahren Gestalt", mit der Schäfer-Pfeife.

Das Thema „Er soll dein Herr sein" geht von „DIE LAUNE ..." über „DIE MITSCHULDIGEM" BIS HIN ZU „FAUST".

Gretchen ist diejenige, die ihren „wahren Herrn" erkennt:
4605 „Gericht Gottes! dir hab ich mich übergeben!"
4607 „Dein bin ich, Vater! Rette mich!"
Gretchen sagt zuvor zu Faust:
4585 Wir werden uns wiedersehn; (das Thema „Wiedersehen" beginnt hier in „DIE MITSCHULDIGEN. Und Gretchen fügt hinzu: 4586 Aber nicht beim „TANZE". „TANZ UND LUST" beginnt nun beim „Ball" bei Alcest.

II, 4. Auftritt:
Alcest erscheint. Sophie kam ihm zuvor und zittert. Sophies „Herz" litt für Alcest, und Alcest soll ihrem „Herzen" den „Schritt" verzeihen, dann fühlt sie keine Reue. Herz und Fuß sind das Thema vom „rechten Weg". Wenn sie aber vom „Weg" abkommt ohne Reue zu spüren, dann fragt es sich, ob der „Wille" zu „ihrem Herrn" ein guter Wille war. Aber es war nur wie „ein Traum", sie wollte zum „Wohlleben", sie wollte zur „wahren Lust", zum „Silber von Alcest" kommen.
„Ein Wohlleben für Menschen die „guten „Willens" sind, trifft für Sophie nicht zu.
Sophie preist ihr „Herz" der „Tugend" an.
Aber Vater Wirt und Söller machen ihr Leben zur Plage. Sophie hätte sich schon längst „tot" betrübt, wüßte sie nicht, daß Alcest sie noch „liebt". Das „Band von Liebe und Leben" verbindet Sophie und Alcest." Es folgt das „Kunst-Stil-Merkmal von „Hand und Herz":

Bei Sophies „teurer Hand" soll Alcest sein „Herz" beständig halten. Sophies „Herz" kennt nur den „Trost" aus Alcestens „Hand".

Also Sophies „Herz" kennt nur Alcestens „Silber" als Trost. (I, 5). Alcest „Ich kenne für dein „Herz" kein Mittel." Sie küssen sich. Sophie: „Mein Freund noch diesen Letzten Kuß, und dann „Leb wohl!"

Sophie will nicht sinken-wie Söller prophezeite, darum gibt sie nur einen „Freundschafts-Kuß und keinen Kuß der Leidenschaft oder „LUST". (Aber sie wird doch sinken durch Söllers „Silber-Diebstahl"). Der Freundschafts-Kuß bezieht sich auf „DIE LAUNE ... 4. Auftritt, es ist der Kuß fürs „Hut-schmücken: „Kuß und nicht mehr!"

In I,6 am Anfang des „Welt-Laufs zu „Adieu" = Gott schmückte Sophie Söllers Hut. Sophie: „Leb wohl! und glaube mir, daß ich die Deine sei. Der „Freundschafts-Kuß" soll Alcesten ein „Wohlleben" bereiten

„Ehre" sei Gott in der Höh",   aber „Ehre" will Sophie für sich selbst

„Friede auf Erden"   ein „Wohlleben" wünscht sie Alcesten,

Und den Menschen ein „Wohlleben"   und Sophies „guter Wille" ist nicht gut

Die „guten Willens" sind-"   Sie will Alcestens „Silber", um selbst ein „Wohlleben zu führen.

In I, 2 war Sophie nicht „satt", sie wollte zum „Ball",

In I, 3 wußte sie nicht, was sie soll, noch weniger, was sie will.

In I, 5 wollte sie vom Vater weg, zu Alcesten hin, wegen Alcestens „Silber-Trost".

60

II, 5-das „GLÜCK":
In „DIE LAUNE ... 5. Auftritt sagt Amine zu Eridon:
„Doch du nur hast mein „Herz", und sag, was willst du
mehr!"
„WORT und SINN" verbinden wieder „DIE LAUNE ..."
mit „DIE MITSCHULDIGEN" über das Glück. Hier im II
Aufzug, 5. Auftritt sagt Alcest fast die gleichen Worte: „Was
willst du nun mein Herz"! Es ist doch wunderbar!" Thema
„Lust-Opfer beginnt:
„Das Glück ist Alcest geblieben: Sophie ist noch das erste Lie-
bes-Glück: „Ihr Bild ist noch vollkommen, vor dem sich sein
Herz in Ehrfurcht neigte". „Sophie ist wieder die „GÖTTIN",
von der sie in I,3 im „Glassarg" als „Schneewittchen" träumte.
Und in „DIE LAUNE ..." war es Amine, die im 5. Auftritt-
durch Egles Blick einer Göttin -selbst zur Göttin wurde. Von
vielen Toren verehrt-aber Eridon wollte kein Tor sein -und
Amine sank zum „Lust-Opfer". Das ist das Thema: „HERZ
und SCHERZ". „TANZ und LUST" wäre nun: Sophies Lust
mit Alcestens „Silber" ein „Wohlleben" zu beginnen.
Alcest muß nun die Art erdenken, ihr etwas Geld zu schen-
ken.
Sophies „Klage" hat sein Herz erweicht zum Mitleid. Er will ihr
Elend lindern. Alcestens „Silber" die wahre Lust soll Sophies
„Herz" erfreun. Inzwischen ist ihm klar geworden, welches
Mittel Sophies Herz braucht. Alcestens „Hand" gibt Silber für
Sophies „Herz".

Er macht die Schatulle auf: Was Teufel!" Fast die Schatulle
leer. Von allem Silber-Geld ..." „TANZ und LUST" beim
„Wiedersehn" ist ihm vergangen.

Und Sophie das „GÖTTER-BILD" droht zu sinken. Nicht
durch den Freundschafts-Kuß (Kuß und nicht mehr), sondern

durch Alcestens „Silber", das nicht mehr da ist. Durch den „Silber-Diebstahl" von Söller wird Sophie „sinken".

In III, 2 wird Sophie zum „Lust-Opfer" vom Vater Wirt durch: „Raum, Zeit und Spaß"
In III, 8 wird Sophie zum „Lust-Opfer" von Alcest durch den „Handel von „Silber gegen Gold" (Lust)
In III, 9 erklärt Söller seine Frau als „gesunken", durch das „Weit-gehen vom Tugend-Fuß".

Im DRITTEN AUFZUG erscheint wieder der Wirt, der sich „anzieht". Anziehend sein heißt auch einen Reiz ausüben, oder ein Kleid anziehen. Beim Wirt handelt es sich um das „Kleid der Gier".
Die „Gier" wurde ausgedrückt durch den Brief von „Raum, Zeit und Spaß", der nicht zu finden war. Schon im 1. Auftritt wünschte sich der Wirt einen solchen Brief. Im 1. Auftritt erschien der Wirt als Wirt zum „Schwarzen Bären", der gierig auf „Geld und Ehre" war.

„Der Schwarze Bär" hat ein „Kleid von schwarzen Haaren", und diese schwarzen Haare deuten die „Gier" an.

In „DIE LAUNE ..." steckte die „ROSE" im „schwarzen Haar" und Eridon war „gierig" auf diese Rose. Im 3. Auftritt mußte Amine diese Rose an Eridon abgeben, und Egle meinte dazu: „Der Räuber" der dir alles raubt. Eridons „Gier" machte ihn zum Räuber: Das „Schwarze Bärenkleid" drückt auch „Gier" aus. Das „schwarze Bärenkleid" trägt der „BÄRENHÄUTER".
„DER BÄRENHÄUTER" ist ein „Grimms-Märchen". Der „Bärenhäuter" bekommt sein „schwarzes „Fell-Kleid" vom Teufel, inklusive immer „Geld in den Taschen zu haben". Aber

er darf kein Vater-Unser beten und sich nicht waschen, also er muß immer dreckig bleiben. Der Wirt nennt sich selbst einen „Bärenhäuter" in III, 2.:

„Wenn sie's nicht hat (Sophie das Geld), bin ich ein „Bärenhäuter!"

Der Wirt macht sich Gedanken über den „knisternden Weibertritt". Sophie geht ebenso. Er floh vor diesem Tritt vom Teufels-Geist. Dieser „Geist vom Teufel" ist Sophies „LIST".

Es handelt sich im Dritten Aufzug um den „Welt Lauf" verbunden mit dem Brief von „Raum, Zeit und Spaß". Am „Welt Lauf" nehmen der Wirt und seine Tochter teil. Der Welt-Lauf zu Gott (Adieu) zum „Wohlleben". In I, 5 erschien der Brief von „Raum, Zeit und Spaß", aber der Welt-Lauf lief nur zwischen Sophie und Alcest ab, zum „Rendezvous" Sophies „verwegener Schritt" lief zum „neuen Herrn". Und Sophie endet in II, 5 als „GÖTTINNEN BILD DER EHRE" für ihren Herrn Alcest.

III, 2: beginnt mit Sophies Worten: „Mein Vater". Es wird deutlich, daß es sich nicht um „ein Vater-Unser" handelt, zu dem Sophie mit ihren Sorgen kommt. Alcestens Silber-die wahre Lust-ist weg. Und Sophies Sorge um das Silber bedeutet auch, sie hat Sorge ihre Ehre zu verlieren.

Der „Brief" von Raum, Zeit und Spaß wird hier zum Thema.

RAUM: Das Silber ist weg von Alcestens Zimmer, vom Tisch, aus der Schatulle heraus.

ZEIT: Heute Nacht!

Spaß: Ist der „Wachs-Stock", der die Herzen von Vater und Tochter erweichen soll. Sie klagen sich gegenseitig an wegen des Diebstahls vom Silber. Die Anklage ist der Spaß.

Der Wirt: Wenn sie's nicht hat (Sophie), bin ich ein Bären-häuter.

Der Vater verlangt die „schuld'ge Liebe", die „Ehrfurcht" gegen ihn. RAUM: und ZEIT: der Vater: „Warst du nicht heute früh im Zimmer?"

Sophie: „Waren Sie denn nicht auch heute früh...---.

Der Wirt: Du treibst den Spaß zu weit. „Nichtswürdige!"

Der „Spaß" ist Sophies Auflehnung gegen ihren Vater. Es fehlt ihr an der nötigen „Ehrfurcht".

Beide, Vater und Tochter, sind dabei ihre „Ehre" zu verlieren. Aber „Ehre" sei Gott in der Höh":

Und einen „guten Willen" zeigen sie beide nicht. Ihre Herzen bleiben hart. (Sophie geht weinend ab.) Vater Wirt nimmt ihr durch die „Anklage" des Silber-Diebstahls die Ehre. Sophie wird in III, 7 vom „Bild einer Göttin" der Ehre zum" „Lust-Opfer" sinken, so tief, so tief.

j

In III, 3 treffen der Wirt und Alcest aufeinander, es gibt eine Raterei wer der Dieb vom Silber sei. Schließlich meint Alcest: So hab es denn „wer will". Es wird wieder das Thema „vom guten Willen angeschnitten, und Alcest zieht den „Brief von Raum, Zeit und Spaß" hervor und bietet dem Wirt den Brief an als Tausch für den Verrat vom „Silber-Dieb". Die „Reizung" ist zu groß, als daß er wiederstehen kann. Der Wirt sinkt zum „Wind-Hund".

Das ist die „GIER" oder „NEUGIER" auf den Brief. Sie beruht auf dem Kleider-Band-der „Schwarzen Haare" vom „Schwar-zen Bär". Sie macht einen „Hund" aus dem Wirt. Der Wirt mit „herzhaftem TON", also „Stimme der Tücke" beschuldigt seine Tochter als „Silber-Dieb". Und Alcest denkt (das Silber) es soll nicht fehlen. Für Alcest ist Sophie noch das „Bild der Göttin", der Ehre, sein Herz beugte sich in Ehrfurcht vor dem „Bild".

III, 4: Der Wirt ist enttäuscht über den Inhalt des Briefes von „Raum, Zeit und Spaß": Er muß „Rache" haben für den „Spaß" und wünscht sich, daß der Junge ein „Stengel-Glas" zerbricht. Dies ist das Thema: „Weinglas" oder „Geist im Glas". Die „Rache" stammt also vom „Teufel". Die „Rache" ist der „böse Geist."

III, 5: Söller kommt hinzu und bestätigt den „bösen Geist", Söller: „Was für ein böser Geist mag doch den Alten treiben."

Der Sessel vom bösen Geist, den der Wirt aus Rache schlägt, wir der „Rache-Sessel", in „FAUST I", KERKER: Es wird der „Blut-stuhl" zu dem Gretchen schon entrückt ist. „Stumm liegt die Welt wie das Grab." Der „Spaß" für den Vater war, seine Tochter zu verraten.

III, 7: Sophie vom „Bild der Gottheit" zum „Lust-Opfer". Alcest, der in Sophie das „Bild der Tugend" ehrte, die ihm Gottheit, ihm alles war, die nun so tief, so tief gesunken ist, (und zwar nicht durch das zu viele „Küssen", wie Söller in I, 2 meinte,) sondern durch den „Silber-Diebstahl", den Söller unternahm.

Aber Alcestens Herz steht ihr noch immer bei. Da fällt ihm sein Glück wie Schuppen von den Augen. Auch Alcest kennt die „GIER":
„Ein unvergleichlich Weib, das du begierig liebst, braucht Geld."
„Sophie ist kein „Bild der Tugend" mehr. Alcestens „GIER" führt zur „BUHLE", DIE DIE BEZAHLUNG SCHON VOR-WEG GENOMMEN HAT." Auch Alcest hat die „GIER nach LUST" (Gold), sowie Söller die „GIER" nach „wahrer LUST" (Silber), d.h. „Gier nach Gold und Silber". Auch die „Gier nach

Gold und Silber" findet sich in „FAUST I" wieder: 1675 ff. Die „Gier" gehört zum Thema des „Bösen", zum Teufel.

Alle „MITSCHULDIGEN" haben die „Gier": Söller, der Vater, Alcest und auch Sophie „ist nicht satt" deshalb will sie zum „Ball" gehen (I, 2).

III, 8: Alcest liegt das „Silber" nicht am Herzen!" sagt er. Das bißchen Geld; er hat's ja. Aber mit Offenheit wäre alles zu vermeiden gewesen. Alcest küßt Sophies Hand. Der „Hand-Kuß" leitet die „Stimme der Tücke" ein. (Siehe „Die Laune … 8. Auftritt.).
„Sie wollen über „Herz und Scherz" sprechen."
Alcest: „Den Scherz, wer macht den zum Verbrechen?"

Dein Herz ist immer Mein, meins immer dein geblieben. Mein Geld ist dein, … das „Silber, die wahre Lust" gehört beiden, Sophie, nur liebe mich!" „Gold und Silber" sind austauschbar.

Sophie: „Was ist das für ein „TON". Sie verkennen mich. Es ist der „TON" von der „Stimme der Tücke" von der „Schäferpfeife (I, 2)."

Alcest spricht nun noch vom „Weibertritt". „Wer sich soweit vergeht".
In II, 4 war es der „verwegene Schritt", der zu Alcestens Ehre kam, „ohne Reue", wenn Alcest ihn vergab. Sophies „Herr" beschuldigt sie nun wegen der „Schritte".
„Herz und Schritt" sind vom Wege abgekommen. Sie ist eine „Buhle".

Für Sophie ist das Ganze aber kein „Scherz". „Mein Herr ich scherze nicht!" Alcest sagt ihr nun, das Vater Wirt sie des „Geld-Diebstahls" beschuldigte.

Sophie: „Nein, ich verzeih es nicht!
Mein Vater scheut sich nicht, die Ehre mir zu rauben. „Mein Vater hat das Geld".

In diesem Moment verläßt Sophie den „guten Weg" und betritt die „TEUFELS STRASSE". Auch Sophie „verrät" ihren Vater um der Ehre Willen. Der Vater und Sophie, durch ihre gegenseitige Anklage, machen nun ihren „Welt-Lauf" auf der „Teufels-Strasse".

III, 9:beginnt:mit:
„Der Teufel mag das Ding nun auseinander lesen!"
„2 Menschen verklagen sich (Sophie und ihr Vater).
Alcest weist auf die „Teufels-Strasse" hin. Er meint Söller wäre der Diebstahl eher zuzutrauen, aber der war auf dem „BALLE."

Der „BALL" bedeutet „Tanz und Lust", und die „Lust" ist das „Schmausen" vom „Fetten Bissen" oder vom „KUSS". Dieser „Fette Bissen wird durch eine „MAUS" ausgedrückt, die nach der Falle läuft. In II, 2 hatten wir schon den schweren Kater und die Katze".

In „FAUST I; PROLOG" erscheint „Mephistos Strasse" bereits, auf die er Fausten verführen will, um ihn vom „Herrn" abzuziehen, und die wird auch schon mit „Katz und Maus" bezeichnet: Mephisto ist für die „frischen Wangen".
„Mir geht es wie der Katze mit der Maus." (322).
„Die Teufels-Strasse" beginnt hier in „DIE MITSCHULDI-GEN".

Söller hat nicht geküßt. Und so meint Söller er habe beim „BALLE", nur zugesehen, also nicht an der „LUST" vom „TANZ" teilgenommen. Söller war nicht tänzerlich zu Mute. Durch das „Kunst-Stil-Merkmal" von „Hören und Sehen" also von der „Stimme des Lichts" wird der „KUSS" noch unterstrichen. Söller: „Je mehr ich hörte und sah", verging mir „Sehen und Hören."

Man kommt nun auf das „Lust-Opfer" zu sprechen: Sophie. Söller besteht auf seinem „Eigentum", das schon in I, 2 durch die Pfeife ausgedrückt wurde: „ein Mann ist immer mehr als Herrchen die nur pfeifen", „Sie ist nun meine Frau ..., wenn sie auch ihr Mann für sonst was anders hält --- Söller hält sie auch für ein „Lust-Opfer". Söller spricht auch das „Weit-Gehen von Sophies „Fuß" an: „Es weiß kein Mensch so gut, wie weit sie geht.

Es erscheint nun wieder die „STIMME VOM LICHT" oder noch Die „STIMME DER TÜCKE": vom „Hören und Sehen":

Söller: „Eh herre, was man sieht, das dächt ich, kann man wissen.

Alcest: „Wie sieht? Wie nehmen Sie das Sehen?

Söller: „Wie man's nimmt, vom Hören und vom Sehen". = „STIMME VOM LICHT" = „HÖREN UND SEHEN" oder (noch) „STIMME DER TÜCKE".

Alcest: „Was haben Sie gehört? Was haben Sie gesehen?"

Söller: „Ei nun, das sieht man immer:

„Der Herr, das ist ein Herr, Sophie ein Frauenzimmer."

Es ist das „Paar übers Kreuz" auf dem „Welt-Lauf" zu Gott = Adieu.

„Wie's geht, wenn sie dem Herrn und ihr der Herr gefällt. Das „Paar übers Kreuz" kommt zum „RENDEZVOUS".

Die „Stimme des Lichts" führt hier zum „Rendezvous" oder

„WIEDERSEHN". Das „Wiedersehn" wird ein Thema in Goethes Werken.

In „CLAVIGO" GIBT ES KEIN „WIEDERSEHN", weil Maria stirbt.

In „DIE LEIDEN DES"JUNGEN WERTHERS" ist das „Wiedersehen" von Bedeutung. „GRETCHEN UND FAUST WERDEN SICH WIEDERSEHN"; aber nicht beim Tanze (4585). Hier ist das „Wiedersehen" ein „Lustspiel" von heute nacht.

Alcest nennt es den „BALL", und Söller nennt es den „Schmaus" und bezieht sich nochmals auf die „Maus", auf den dicken Kuß.

Söller spricht nun noch die „Wahre Lust" an:

„Gelüst nach Fleisch, nach Gold".

Söller will es nochmals zusammen fassen:

„In Summa, nehmen Sie's nur nicht so gar genau:

„Ich stahl dem Herrn sein Geld und er mir meine Frau."

„SILBER IST DIE WAHRE LUST, UND GOLD IST AUCH DIE WAHRE LUST."

III, 10:

Beginnt mit der „Diebes-Anklage" und dem „TON" der „Stimme der Tücke". Der Wirt an Alcest:

„Mein Herr, sie ist der Dieb!"

„Er ist der Dieb, mein Herr!"

Alcest (sieht sie beide lachend an, dann sagt er in einem TON wie sie, auf Söller deutend): „Er ist der Dieb!"

Alcest, der Wirt und Sophie, alle 3 sind vereint im „TON" der „Stimme der Tücke".

Es wird nochmals der „verwegene Schritt" von Sophie gelobt und Sophies „TUGEND", der „Schritt", der zum neuen Thema: dem „WIEDERSEHN" führte.

Alle geben sich die „HAND der VERGEBUNG", und Söller meint:

„Für diesmal wär's vorbei."

Das WORT „vorbei" spielt noch eine wichtige Rolle im „FAUST II":

Mephisto sagt nach Faustens Tod (11592 ff.)

„Die Zeit wird Herr, der Greis hier liegt im Sand.

„Die Uhr steht still --

CHOR: „STEHT STILL! SIE SCHWEIGT WIE MITTER-NACHT. Der Zeiger fällt."

Mephisto. „Er fällt, es ist vollbracht."

CHOR: „ES IST VORBEI"

MEPHISTO: „VORBEI! Ein dummes Wort. Warum „vorbei"? „VORBEI und reines Nicht, … "

Durch das Wort „vorbei" wird die „Einheit" von Goethes Werken deutlich. „WORT UND SINN" REICHT VON „DIE MITSCHULDIGEN" BIS „FAUST II".

Das Wort „vorbei" soll wohl andeuten, dass die Zeit von des Teufels Vorherrschaft zu Ende ist. Das „Lust-Spiel" erzählte von der „LUST" vom Teufel, und von den ENGELN:

„EHRE SEI GOTT IN DER HÖH'

„FRIEDE AUF ERDEN

„UND DEN MENSCHEN EIN WOHLLEBEN,

„DIE GUTEN WILLENS SIND:"

CLAVIGO:

„Ein Trauerspiel"

Beginnt ebenfalls mit einer „BLUME".

Aber diese Blume ist keine natürliche sondern eine „künstliche

Blume". Sie zeigt: Blatt und Stil und Blüte des Dichters Clavigo an. Das BLATT muß alle Weiber bezaubern.

Carlos lobt Clavigos „glänzenden und leichten „Stil".

Clavigo über seinen „Stil":

„Mein Stil bildet sich immer „wahrer und stärker". Clavigos Empfindungen erweitern sich, und auch der „Stil" wird mit Erweiterung verbunden.

Durch „WORT und SINN" WIRD DIE VERBINDUNG VON THEMEN in den Werken geschaffen, durch den „STIL" werden die THEMEN unter Berücksichtigung von Empfindungen abgeändert: So zeigt der „STIL „Liebe und Leben" an, oder „LIEBSTES LEBEN", „TRAUM UND LEBEN", oder „TOD UND LEBEN." CARLOS FÜGT HINZU: „damals gefiel mir Clavigos Schrift weit besser, als Clavigo noch zu Marias Füßen schrieb; das Ganze hatte ein „jugendlicheres, blühenderes Aussehen", also hatte eine „Blüte", eine Blüte von „Liebe und Leben."

Aber im 5. Aufzug heißt es dann: Clavigo: „Es ist wahr – wahr – kannst du's fassen? -- Sie ist tot -- Es ergreift mich mit allem Schauer der Nacht das Gefühl: Sie ist tot! – „Da liegt sie die Blume zu deinen Füßen --- und du -- Erbarm dich meiner, Gott im Himmel, ich habe sie nicht getötet! ---"

Die Stellung des Dichters Clavigo zu Füßen Marias (1. Aufzug) bedeutet „LIEBE und LEBEN" für Maria und „VEREHRUNG".

Dieses „Struktur-Bild" erschien zuerst in „DIE LAUNE DES VERLIEBTEN" 3. AUFZUG: Eridon sagt zu Füßen Amines: „Großmüt'ges, bestes Herz, laß mich zu deinen Füßen. Und auch im „Letzten Aufzug" fällt Eridon vor Amine nieder: „Amine! Liebstes Leben!"

Durch den „Fall" will Eridon seine Verehrung für Amine ausdrücken.

In „DIE LAUNE DES VERLIEBTEN" haben wir es mit „Liebe und Leben" zu tun, in „DIE MITSCHULDIGEN" mit „Traum und Leben" oder Tod (Glassarg), und hier, im „CLAVIGO" mit dem Tod, auch von Clavigos Dichtung: „Da liegt sie die Blume zu deinen Füßen. Sie ist Tot."

„Der 2. Aufzug" stellt die „Schuld-Erklärung dar. Es ist der „doppelte Meineid". (Die Stimme der Tücke).

Im 3. Aufzug erscheinen die bekannten „Kunst-Stil-Merkmale, die bereits in „DIE LAUNE …" und in „DIE MITSCHULDIGEN" EINE ROLLE SPIELTEN: ALS 1. „DIE STIMME VOM LICHT", GEKENNZEICHNET DURCH „HÖREN UND SEHEN" Maria zu Sophie: „Du hast ihn gesehen! Mir zittern alle Glieder! Du hast ihn gesehen!" Ich war nahe einer Ohnmacht, als ich hörte, er käme und du hast ihn gesehen?" „HÖREN UND SEHEN" ist die „Stimme des Lichtes" oder noch die „Stimme der Tücke."
„Nein, ich kann, ich werde, nein, ich kann ihn nie wiedersehen.
Hier wird das „Wiedersehen" oder das „nie Wiedersehen" mit der „Stimme vom Licht" verbunden.
In „DIE MITSCHULDIGEN" III, brachte die „Stimme vom Licht" das „RENDEVOUS, also das „Wiedersehen". Durch „WORT UND SINN" wird nun im „Clavigo ebenfalls das Thema: „Wiedersehen „ oder „nicht Wiedersehen". Als Clavigo dann erscheint, tut Marie einen „Schrei" und fällt Sophien in die Arme, tot!) Es gibt kein Wiedersehen.

Weiter spricht Sophie über ihre „schwesterliche Liebe" zum „Reuigen zu ihren Füßen." Clavigos „Verehrung für Sophie".

Und es ist etwas Bezauberndes in dem „TON SEINER STIMME".

In „DIE LAUNE ... 1. Auftritt erscheint der TON DER STIMME DER TÜCKE

auch in „DIE MITSCHULDIGEN ... (III, 8) erscheint der TON als STIMME DER TÜCKE, und so muß man auch hier im „CLAVIGO" DEN „TON" als „STIMME DER TÜ-CKE" ANNEHMEN, als „Meineid" oder sogar „doppelten Meineid.

Marie: „Du redest ihm das WORT." Nein, sagt Sophie, sie sieht die Sachen wie sie sind, und nicht in einem „romantischen Licht". Es ist ein Glück, daß der „reuige Liebhaber" zurückkommt. Und Maries Herz spricht mehr für Clavigo, als sie glaubt, darum traut sie sich nicht ihn „wiederzusehen." Sophie redet Clavigo das „WORT", d.h. sie „lügt" für ihn. Sophie hat ebenfalls „Die Stimme der Tücke."

Erst im „FAUST I" wird das WIEDERSEHEN glaubhaft geschildert. 4580 ff.

Margarete: „Tag! Ja es wird' Tag. Der letzte Tag dringt herein;

„Mein Hochzeitstag sollt es sein!

„Wir werden uns wiedersehen,

„Aber nicht beim Tanz."

Das „WIEDERSEHEN" IST EIN DURCHGÄNGIGES THEMA IN GOETHES WERKEN: Es erscheint nun auch in „DIE LEIDEN DES JUNGEN WERTHERS".

DIE LEIDEN DES JUNGEN WERTHERS:

In „Die Leiden des jungen Werthers" erscheinen zwei „Ding-Symbole", d.h. man kann sie anfassen. Diese „Ding-Symbole" waren vorher nur „Symbole", die in Goethes Werken entwickelt wurden.

1) „Die Schleife" entwickelt in „DIE LAUNE ... 8. Auftritt". Es handelt sich um die „Schleife", die das „Paar übers Kreuz" formt. Sie erscheint im „WERTHER" AM 16. JUNIUS, I: BUCH:

2) „Der Spiegel"-Es handelt sich dabei um den „geistigen Spiegel" von Egle, der auch im 8. Auftritt von „DIE LAUNE" erscheint. In diesem „Spiegel" zeigt Egle das „schöne Tanzmädchen", das Eridon zur „LUST VOM TANZ" aufweckt durch den „KUSS DER LUST".

DER „SPIEGEL" wird hier in „DIE LEIDEN ..." ein „Ding-Symbol", d.h. man kann ihn anfassen. Er dient ebenfalls zum „Aufwecken" von „WERTHER". (ZUM AUFWECKEN ZUR „Lust").

Beide „Ding-Symbole" vereinen sich im „OSSIAN" ZU: WARUM WECKST DU MICH, FRÜHLINGSLUFT? „
HIER HABEN WIR WIEDER „WORT UND SINN" vom „WECKEN"
Werther wird geweckt durch das „WORT":
„Die ganze GEWALT DIESER WORTE FIEL ÜBER DEN UNGLÜCKLICHEN".
Und Lottes „SINNE" VERWIRRTEN SICH.
Thema: „WORT UND SINN".
Anschließend erscheinen die „Kunst-Stil-Merkmale vom „GLÜCK": aus „DIE LAUNE ... 5.Auftritt": Der „Blick" und der Händedruck." „Werther wußte, daß Lotte ihn liebte, wußte es an den ersten „seelenvollen Blicken und dem ersten „Händedruck."

Der „Spiegel" als „Ding-Symbol" wird fortgesetzt in „FAUST I, „Hexenküche" als „Zauber-Spiegel". Aus diesem „Spiegel" geht wiederum eine „SCHLEIFE" hervor.

„WERTHER" MIT DEM 16. JUNIUS"
berichtet Werther über eine Bekanntschaft, die er gemacht hat, über einen „ENGEL"- Sie ist vollkommen und hat alle Werthers „SINNE" gefangen genommen.
Das Thema: „WORT UND SINN" weitet sich hier aus auf „Werthers Sinn" oder Werthers „Geist". (Lotte und / oder Werthers Geist.)

Die jungen Leute arrangierten einen „BALL" AUF DEM LANDE, und Werther sollte Charlotte S. mit seiner Kutsche mitnehmen. Es zog ein „Gewitter" auf, und Werther täuschte „Wetterkunde" vor. Das GEWITTER bedeutet „Blitz und Donner", oder „Sehen und Hören", also die „STIMME VOM LICHT". (Blitz kann man sehen und Donner hören.

Angekommen in Lottes Haus sieht Werther 6 Kinder und ein „Mädchen von schöner Gestalt", die ein simples, „weißes Kleid" mit „blaßroten Schleifen" um „Arm und Brust" anhatte. Das weiße Kleid erinnert an ein „Schneewittchen" oder an einen „Engel".
Die „Schleife" erschien bereits in „DIE LAUNE ... „ 8. Auftritt.
(Eridon und Egle beim „Paar übers Kreuz" vereint durch „Arm und Brust") „STIMME VOM LICHT" weist auf „Kleid und Schleife" hin.

Lotte hielt ein „SCHWARZES BROT" und schnitt ihren Kleinen jedem sein Stück ab. Das „SCHWARZE BROT" ist schwarz, weil Lotte über dem „Anziehen" das Vesper-Brot ihrer Kinder vergaß.

„Anziehen" (d) heißt auch „Reiz" oder „Reizen (siehe „DIE MITSCHULDIGEN. III,1) Sophie wurde verbunden mit dem „Reiz".

Lotte ist also kein „gutes Mutter-Kind", und das Thema: vom „REIZ" der Werther zur „Leidenschaft „aufweckt", zeigt Lotte im „Spiegel" vom 12. September, II. Buch durch das „Vögelchen", das Lottes „schwarzes Brot" frißt.

Das „Wecken" verbindet sich dann mit dem „Wecken" vom „Ossian Gedicht".

„Warum weckst du mich Frühlingsluft?"; und dies führt schließlich zum Thema „Gewalt der Worte" oder Thema: „WORT UND SINN" IM „OSSIAN".

Die Frauen in der Kutsche unterhielten sich über ihre „Hüte". Der „Hut" ist ein „Kunst-Stil-Merkmal" das schon in „DIE LAUNE … „, 4. Auftritt und in „DIE MITSCHULDIGEN" erschien. Hier wird der „Hut" mit „Geist" verbunden: „Hut und Geist":

„WERTHER" ZURÜCK ZUM 16. Junius:
Werther erkennt in Lottes „Gesichtszügen": „GEIST,"
und sie liebt Bücher nach ihrem „GESCHMACK".
Weiterhin hat Lotte: „schwarze Augen, lebendige Lippen und „frische, muntere Wangen", die Werthers Seele anziehen.
„Mephisto" sagt im PROLOG zum Herrn: 320 ff:
„Am meisten lieb ich mir die vollen, frischen Wangen.
„Für einen Leichnam bin ich nicht zu Haus;
„Mir geht es wie der Katze mit der Maus."

„Die Wangen vom schönen Tanzmädchen sind hier nicht rot, sondern es sind „frische Wangen", die Werther und der Teufel liebt.

Der „herrliche SINN" ihrer Rede machte, daß Werther die „WORTE" nicht hörte. Das Thema: WORT UND SINN BESTEHT FÜR WERTHER UND LOTTE nicht. Werther steigt als „Träumender am Lust-Haus" aus.

„TANZEN" muß man Lotte sehen. Sie ist mit ganzem Herzen und ganzer Seele dabei, ihr Körper ist eine Harmonie. Der Tanz wird zum Inhalt der Beziehung zwischen Lotte und Werther.

Lotte möchte beim „Deutschen" --- ein „Paar übers Kreuz" mit Werther bilden, also eine „SCHLEIFE":
Es begann mit mannigfaltigen „Schlingungen" der Arme. Mit welchem „REIZ" bewegte sich Lotte, und sie flogen herum wie „WETTER". „WETTER" ist „Blitz und Donner", also „Sehen und Hören" oder die „STIMME DES LICHTS".
„DIE STIMME DES LICHTS" deutet auf eine Frau mit einem „merkwürdigen Gesicht" hin, und „drohendem Finger", die den Namen „ALBERT" ausspricht. WER IST ALBERT?
Albert wäre der richtige Partner vom „Paar" gewesen. Er ist Lottes Verlobter.

Werther verwirrt sich darauf hin, er kommt zwischen das „unrechte Paar", daß alles drunter und drüber geht. Und Lottes ganzes Zerren und Ziehen ist nötig, um es schnell wieder in Ordnung zu bringen.
Der Tanz war noch nicht ganz zu Ende, als das „BLITZEN UND DONNERN" stärker wurde. Hier wird die „STIMME

DES LICHTS" deutlich mit dem Thema: „PAAR ÜBERS KREUZ" und „SCHLEIFE" VERBUNDEN.

Die Zeit wurde überbrückt durch das Spiel vom Zählen.

Schließlich traten Lotte und Werther ans „Fenster":

Es beginnt nun das Zeichen vom „GLÜCK":

In „DIE LAUNE … 5. Auftritt" war Eridons Glück: „Amines Blick und Hand". Diese „Kunst-Stil-Merkmale" erscheinen jetzt hier am 16. Junius.

„Der herrliche Regen und Wohlgeruch stieg in aller Fülle zu ihnen auf. Lottes „Blick" durchdrang die Gegend, sie sah gen Himmel und auf Werther. Sie legte ihre „Hand" auf die seinige und sagte --- „Klopstock!" --- „Blick und Hand" sind die Zeichen fürs „Glück". Aber der „KLOPP-STOCK" GIBT HIER ZU DENKEN.

Der „Stock zum Kloppen" verbindet den 16. Junius mit dem „Gesang von Ossian". Warum weckst du mich, Frühlingsluft? Die Frühlings Luft verbindet sich mit dem Wohlgeruch vom 16. Junius und mit „Ossian".

„WORT UND SINN" stellen eine Verbindung dar.

„Die Gewalt der Worte fiel über ihn."

Am 12. September, II. Buch erscheint der „SPIEGEL".

Dieser Spiegel wurde als „geistiger Spiegel" Egles in „DIE LAUNE … 8. Auftritt" eingeführt. Dieser „Spiegel" erscheint hier als „Ding-Symbol", d.h. man kann ihn an der Fortsetzung vom Thema „Spiegel" finden wie im „FAUST I", Hexenküche".

In diesem „Spiegel" hier wird nun Lottes „Reizen" gezeigt, das Werther „aufwecken" soll zu „Brot und Leidenschaft", durch den „KUSS DER GIER". WIE AUCH ERIDON SCHON DURCH DEN „KUss DER GIER" zur „LUST" zum „TANZ" „erweckt" wurde.

Es handelt sich um Egles „geistigen Spiegel, um den „Spiegel vom Geist einer Katze, die listig das „schöne Tanz-Mädchen" zeigt durch deren „Reiz" Eridon zur „Lust" verführt wird.

Werther küßt Lottes Hand. Der „Hand-Kuß" leitet die „Schleife" ein. Ein Kanarien-Vogel flog von dem Spiegel auf Lottes Schulter. Ein neuer Freund für ihre Kleinen. Er pickt das „Brot" und scheint sie zu küssen. Das Brot bezieht sich auf das „schwarze Brot" für ihre Kinder, das Vesper-Brot, das sie vergaß ihnen zu geben, durchs „Reizen", durchs „Anziehen".

Der Vogel macht den Weg von Lottes Lippen zu Werthers Lippen und täuscht so einen Kuß vor. Dem Kuß des Vogels wird „Hunger und Begierde" unterschoben, eine leere Liebkosung ist es. Aus „Brot und Liebe" wird hier „Brot und Leidenschaft". Das ist keine „unschuldige, teilnehmende Liebe" wie Werther glaubhaft machen will, sondern das ist „REIZEN". Werther wird „aufgeweckt" zur Leidenschaft.

Nun kommt die „Frühlingsluft" aus Ossian hinzu:
„Warum weckst du mich, Frühlingsluft?"
Die ganze Gewalt dieser Worte fiel über den Unglücklichen.
Der Kreis ist geschlossen von der „Frühlingsluft und dem „Klop-Stock" aus „16. Junius", über den „Spiegel" und das „Aufwecken" vom 12.September, II. Buch, bis zu „Ossians" Frühlingsluft plus „Klop-Stock".

Werther warf sich vor Lotten nieder in der vollen Verzweiflung ... und jetzt erscheint das „Kunst-Stil-Merkmal" vom „GLÜCK" aus „DIE LAUNE, 5.Auftritt nämlich: „HAND UND BLICK": Werther faßte Lottens Hände, drückte sie in seine „Augen"...
Lotte schien eine Ahnung von Werthers Vorhaben zu bekommen.

Ihre Sinne verwirrten sich, sie drückte seine „Hände", drückte sie wider ihre „Brust" ... und ihre „glühenden Wangen" berührten sich. Die „roten Wangen" vom „schönen Tanz-Mädchen" werden hier „glühende". „WORT UND SINN" ist „Verwirrung".

Es folgt die „SCHLEIFE" von „Arm und Brust" vom 16. Junius:
„Er schlang seine Arme um sie her, preßte sie an seine Brust und deckte ihre zitternden, stammelnden Lippen mit „wütenden Küssen." Das ist der „Kuß vom Verrat" oder der „Kuß der Auferweckung". Das ist das „Ding-Symbol" vom 16. Junius: Blaßrote Schleife auf weißem Kleid, um Arm und Brust.
Nach dem „KUSS." erscheint die „STIMME DER TÜCKE":
Werther! rief Lotte mit „erstickter Stimme", sich abwendend, Werther! --- und drückte mit schwacher Hand seine Brust von der ihrigen, --- Werther! rief sie mit dem gefaßten TONE des edelsten Gefühles. --- „STIMME UND TON" gehören zur „Stimme der Tücke".
Bebend zwischen Liebe und Zorn, sagt sie: Das ist das letztemal! Werther! SIE SEHN MICH NICHT WIEDER. --- und mit dem vollsten „Blick" der Liebe auf den Elenden eilte sie ins Nebenzimmer und schloß hinter sich zu." Es gibt für Lotte kein „Wiedersehn".
Das Thema „WIEDERSENN" erschien zuerst in „DIE MITSCHULDIGEN, III, 9" auch verbunden mit dem Thema „Stimme der Tücke".
Werther streckte die Arme nach ihr aus und rief mit leiser Stimme: „Lotte! Lotte! Nur noch ein Wort ... Leb wohl Lotte! auf ewig leb wohl! Das Thema vom „WOHLLEBEN" begann mit dem „Tanz" in „DIE LAUNE, 7. Auftritt.

Das „WOHLLEBEN" WIRD VON BEDEUTUNG in der „IPHIGENIE".

„DIE WAHLVERWANDTSCHAFTEN", Ein Roman, 1809.

Ein Alterswerk Goethes, nehmen das Thema wieder auf, das bereits in „DIE LAUNE DES VERLIEBTEN" erscheint: Es ist das „Band zur Schleife" und die „Schleife" wird geformt durch die „Paare übers Kreuz".

Hier in „Die Wahlverwandtschaften", I,4, werden die „Paare übers Kreuz" nochmals beschrieben:

„Jawohl! versetzte der Hauptmann: diese Fälle sind allerdings die bedeutendsten und merkwürdigsten, wo man das „Anziehen", das Verwandtsein, dieses Verlassen, dieses Vereinigen gleichsam „übers Kreuz", wirklich darstellen kann; wo vier, bisher je zwei zu zwei verbundene Wesen in Berührung gebracht, ihre bisherige Vereinigung verlassen und sich auf's neue verbinden. In diesem Fahrenlassen und Ergreifen, in diesem Fliehen und Suchen glaubt man wirklich eine höhere Bestimmung zu sehen; man traut solchen Wesen eine Art von Wollen und Wählen zu, und hält das „Kunstwort WAHLVERWANDTSCHAFTEN" für vollkommen gerechtfertigt.

2 Paare wechseln ihre Partner und bilden neue Paare:

Eingeführt wird diese „Verwandtschaft" durch die „Stimme vom Licht" also „Sehen und Hören". Charlotte „Hörte" von Verwandtschaften lesen, „ich hörte, daß von ganz leblosen Dingen die Rede ist, und blickte dir ins Buch, um mich wieder zurecht zu finden.

„Hören und Blicken" = „Hören und Sehen" = „Stimme vom Licht".

Es ist eine „Gleichnisrede, … Gleichnis von „Erden und Mineralien" mit dem „Menschen". Und Charlotte meint: Es ist ihr um den WORT-Verstand zu tun, denn es macht in der Gesellschaft lächerlich, wenn man ein fremdes, ein Kunst-Wort falsch anwendet, deshalb möchte Charlotte nur wissen, in welchem „SINNE" dieser Ausdruck eben bei diesen Gegenständen gebracht wird …

Der Hauptmann erklärt die Gips Erscheinung. Man glaubt sich berechtigt, sogar das Wort Wahlverwandtschaft anzuwenden, weil es wirklich aussieht, als wenn ein Verhältnis dem andern vorgezogen, eins von dem andern erwählt wurde. „WORT UND SINN" hat seine Bedeutung auch in die „Wahlverwandtschaften": z.B. heißt: „PENTEROSA" = Stiefmütterchen.

„DIE BLUMEN":
sind ein „Kunst-Stil-Merkmal" in Goethes erstem Werk: „DIE LAUNE DES VERLIEBTEN", 1768, Das mit dem Satz beginnt: „Hier sind noch Blumen."

Hervorgehoben werden die ROSE und die NELKE:
DIE ROSEN SPIELEN IN GOETHES WERKEN EINE WICHTIGE ROLLE bis zum Ende von FAUST II, wo. die Engel ROSEN streuen: Zeilen 11699 ff.
„ROSEN IHR BLENDENDEN …"

Mephistopheles --- der schwarze Pudel --- sich mit den schwebenden ROSEN herumschlagend, nennt diese Zeilen 11740 „IRRLICHTER FORT." Die Rosen brennen Mephistos Kopf und Herz, und er nennt sie, Zeilen: 11755: „Weit spitziger als Höllenfeuer. ---"

Darauf der Chor der Engel, Zeilen 11801/02: „Wendet zur Klarheit Euch, liebende Flammen!"

Aus obigem läßt sich schließen, daß die Rosen „Sinnträger der Liebes-Flamme in die „LAUNE DES VERLIEBTEN" wie auch im „FAUST!' sind.

Im „CLAVIGO" ist das erste Wort: „Das Blatt".
Das Blatt wird eine gute Wirkung tun, es muß alle Weiber bezaubern,..."
Clavigos „STIL": „Mein Stil bildet sich immer wahrer und stärker." ... aber als Clavigo noch zu Mariens Füßen schrieb"...
hatte das Ganze ein jugendlicheres, blühenderes Ansehen.
Das „Ganze" ist: das Blatt, der Stil und das Blühen, also die „Blume".
Clavigo zu Mariens Füßen und seine „Dichter-Stimme" wären eine „Blume" geworden. Aber „CLAVIGO" ist ein „Trauerspiel", und so endet das Trauerspiel mit der toten Blume. Marie, die Blume liegt tot zu seinen Füßen. „CLAVIGO", 5. Aufzug: Clavigo: „Da liegt sie, die Blume, zu deinen Füßen --- und du ... Erbarm dich meiner, Gott im Himmel, ich habe sie nicht getötet! ..."

„CLAVIGO", DER DICHTER, hat keine Blume erschaffen. Er hat sie getötet durch seine „Stimme der Tücke". Daraus geht hervor, daß Goethe nicht identisch ist mit den Figuren seiner Werke, weder mit „CLAVIGO" noch mit „WERTHER", noch mit „FAUST". GOETHE IST DER DICHTER SEINER WERKE, aber nicht identisch mit einem Dichter oder einer Figur in seinen Werken. Goethe steht über seinen Werken. Und so ist auch Goethes Satz aufzufassen: „SEINE WERKE SEIEN DIE BRUCHSTÜCKE EINER KONFESSION". Dies bedeutet: Seine einzelnen Werke sind Bruchstücke eines GANZEN. Diese einzelnen Werke sind untereinander verbunden, z.B. durch den:
„SINN EINES WORTES"

„WORT und SINN"
Wenn also Faust den Text vom Neuen Testament in sein „geliebtes Deutsch" übertragen will, und weder das WORT noch den SINN hoch schätzen kann, so sind dies Fausts Worte.
Goethe schätzt „WORT UND SINN".
Der Dichter Goethe ist zwar der Dichter vom Werk „FAUST", aber er ist nicht „Faust". Und Faust erschafft auch keine „Blume":
„Vom Eise befreit sind Strom und Bäche …
„Doch an „Blumen" fehlt's im Revier."
(Erst mit Gretchen erscheint eine „Blume").

Goethes „NOVELLE" DAGEGEN ENDET MIT EINER „GEISTIGEN BLUME".
Von einer Novelle als literarischer Gattung wird etwas Neues und Unerhörtes erwartet. Diese „geistige Blume" gehört zum Begriff „unerhört". Goethe im Gespräch mit Eckermann … den 18. Januar 1827 stellt uns sein Lied am Ende der NOVELLE als eine „Blume" vor.
„Ich mußte zum Liede selbst übergehen, um für den Gang dieser NOVELLE ein Gleichnis zu haben, fuhr Goethe fort; so denken Sie sich aus der Wurzel hervorschießend ein grünes Gewächs, das eine Weile aus einem starken Stengel kräftige grüne Blätter nach den Seiten austreibt und zuletzt mit einer „Blume" endet.
Die „Blume" war unerwartet, überraschend, aber sie mußte kommen:
ja, das grüne Blätterwerk war nur für sie da und wäre ohne sie nicht der Mühe wert gewesen."

Der Dichter Goethe hat eine „Blume" erschaffen. Goethe weiter:
„Dies ist das Ideelle, dies die Blume … der eigentliche Gewinn

für unsere höhere Natur liegt doch allein im Ideellen, das aus dem Herzen des Dichters hervorgeht." Die „Blume" ist also die „Stimme des Dichters, die aus dem Herzen kommt.
Die „NOVELLE" endet mit dem Lied von: „GLAUBE, LIEBE und HOFFNUNG. „

Von „GLAUBE, LIEBE und TREUE" handelt sein erstes Werk: „DIE LAUNE DES VERLIEBTEN". Das ist das Thema vom „HELDEN-PAAR".
Das Helden-Paar ist weiterhin verbunden durch den „BLICK" und „KUSS".
„Blick und Kuß" ist ein „Kunst-Stil-Element, das ebenfalls zum Helden-Paar: „Königssohn und Dornröschen" gehört.
Goethe beginnt sein Werk mit „Kunst-Stil-Elementen" aus dem „Märchen-Bereich".

Egle in „DIE LAUNE …" sagt über den „BLICK":
„Die MACHT, von der Natur in unsern Blick gelegt, Daß er den Mann entzückt, Daß er ihn niederschlägt, Hast du (Amine) an ihn (Erido) geschenkt …"
Über den" austauschbaren Kuß von Chloris sagt Amine: „Seid ihr nicht wunderlich! (1V), und im „Letzten Auftritt" sagt Egle zu Amine, „Küß ihn! weil er so vernünftig spricht."
Hier haben wir ein Beispiel wie „WORT UND SINN" zum Zusammenhang Goethes Werken beiträgt. Eridon spricht so „vernünftig", weil er den „Kuß" zur „Lust" erweckt wurde, und die neu entdeckte „Lust" für ihn der „SCHEIN DES HIM-MELSLICHTS" ist.
Egles „Katzen-Geist" wird später von Mephisto weitergeführt.
Im „FAUST I, PROLOG: Mephisto zum „Herrn" über den Menschen: Zeilen 281-286:
„Der kleine Gott der Welt bleibt stets vom gleichen Schlag,
„Und ist so wunderlich als wie am ersten Tag

„Ein wenig besser würd er leben,
„Hättest du ihm nicht den „SCHEIN DES HIMMELS-
LICHTS" gegeben
„Er nennt's „VERNUNFT" und brauchts allein,
„Nur tierischer als jedes Tier zu sein."
Zu beachten: „wunderlich und Vernunft".
Durch die Lust wird Eridon am Ende zum „SCHWARZEN
PUDEL" der Gier der die „Goldene Kette" trägt. Es ist die
„Goldene Kette", die Gretchen von dem „Schwarzen Pudel"
= Mephisto erhält.

Die „LUST" ist der „SCHEIN DES HIMMELSLICHTS",
ein „falsches" Licht. Am Ende von „FAUST II" erscheint der
„Chor der Engel" (Rosen streuend) Zeilen 1169 ff:
„ROSEN, ihr blendenden
„Balsam verschwendenden! …
Mephisto dagegen: bezeichnet die Rosen als „Irrlichter"
Zeilen: 11741 (sich mit den schwebenden Rosen herumschla-
gend):
„Irrlichter, Fort! Du leuchte noch so stark, …
„Es klemmt wie Pech und Schwefel mir im Nacken."
Die ROSEN sind für Mephisto „Irrlichter", aber für die Engel
sind sie „Liebe nur Liebende führet herein." Zeilen 11750.

**Für die Engel sind die „ROSEN" das „LICHT" oder die
„LIEBE" = EINE „GEISTIGE BLUME".**

„DIE LAUNE DES VERLIEBTEN" Goethes Erstes Werk,
beginnt bereits mit der „ROSE" Lamon: „Die Rose seh ich gern
in einem schwarzen Haar.
Das Haar entsprießt dem „Kopf" und zeigt daher „Geist" an,
allerdings „schwarzen Geist". Die „ROSE" beginnt in Goethes
erstem Werk bereits als eine „geistige Blume."

Ein Beispiel wie bei Goethe „WORT UND SINN" hoch geschätzt werden, während FAUST das nicht konnte. Es handelt sich um das Wort: „wunderlich" Laut Mephisto handelt es sich dabei um den „SCHEIN DES HIMMELSLICHTS", den der „HERR" dem Menschen gab. Diesen „SCHEIN" nennt der Mensch: „VERNUNFT" und braucht sie, „um tierischer als jedes Tier zu sein".

Dies ist die „MACHT DER NATUR", die im Menschen wohnt. „ Die „Macht der Natur" erscheint bereits in Egles „BLICK" in „DIE LAUNE DES VERLIEBTEN: Egle: „Die Macht von der Natur in unsern „Blick" gelegt, daß er den Mann entzückt, daß er ihn niederschlägt, hast du an ihn geschenkt … Diese „Macht der Natur" benutzt Egles Katzen-Geist um Eridon zu besiegen und zur „LUST" und zum „SCHEIN DES HIMMELSLICHTS" zu verführen, und Eridon zum „Hund" zu degradieren. Eridon ist durch Egles Verführung zur „VERNUNFT" gekommen. Mephisto nannte dies „den kleinen Gott der Welt" und ist so „wunderlich" als wie am ersten Tag."

„WUNDERLICH" VERBUNDEN MIT DER „MACHT DER NATUR" führt zum „SCHEIN DES HIMMELS LICHTS". In Goethes „WAHLVERWANDTSCHAFTEN" gibt es eine Novelle:

„DIE WUNDERLICHEN NACHBARSKINDER"

Im „Ersten Teil, Viertes Kapitel der „Wahlverwandtschaften" wird dieses Wort erklärt:
„Jawohl! versetzte der Hauptmann: diese Fälle sind allerdings die bedeutendsten und merkwürdigsten, wo man das „Anziehen", das Verwandtsein, dieses Verlassen, dieses Vereinigen

gleichsam ÜBERS KREUZ wirklich darstellen kann, wo vier, bisher je 2 zu 2 verbundene Wesen in Berührung gebacht, ihre bisherige Vereinigung verlassen und sich aufs neue verbinden. In diesem Fahrenlassen und Ergreifen, in diesem Fliehen und Suchen glaubt man wirklich eine höhere Bestimmung zu sehen," man traut solchen Wesen eine Art von Wollen und Wählen zu, und hält das „Kunstwort": WAHLVERWANDT-SCHAFTEN für vollkommen gerechtfertigt.

Es handelt sich hier um die „SCHLEIFE" der „PAARE ÜBERS KREUZ", die bereits in „DIE LAUNE DES VERLIEBTEN" ENTWICKELT WIRD Die Partner vom 1. Paar wechseln mit den Partnern vom 2. Paar.

Es ist hier von „Chemie" die Rede, oder auch von der „Macht der Natur". „Die Macht der Natur" ist auch das Thema von der Novelle:

„DIE WUNDERLICHEN NACHBARSKINDER"

„Wunderlich" erinnert hier an den „kleinen Gott der Welt" der so „wunderlich" ist, daß er den „Schein des Himmelslichts" für das „wahre Licht" hält, daß ihn zum „Menschen „ macht, das aus dem „Herzen des Dichters" hervorgeht. Es ist aber nur der „Schein". Es ist die „Macht der Natur", die hier geschildert wird; und nicht die „höhere Bestimmung", wie der Hauptmann meint.

Die „SCHLEIFE" von den „PAAREN ÜBERS KREUZ" wird bereits im 4. Auftritt der „LAUNE DES VERLIEBTEN" von Lamon gebracht, und im 7.Auftritt wird sie von Lamon und Amine gebildet; und dann im 8. Auftritt von Egle und Eridon.

„DIE WUNDERLICHEN NACHBARSKINDER"
Novelle in die „Wahlverwandtschaften."

Die Novelle beginnt und beschließt mit dem „Wollen und Wählen".

Die beiderseitigen Eltern von Knabe und Mädchen freuen sich auf eine Verbindung dieser Kinder; aber diese trefflichen Naturen haben einen „Widerwillen" und ein festes „Wollen." Sie sind „Widersacher.

Dieses „wunderliche Verhalten" wird durch ein Kriegsspiel veranschaulicht bei dem der Knabe die Feindin besiegt, aber um seine „Augen" zu erhalten mußte er ihr die „Hände" mit seinem seidenen Halstuch auf den Rücken binden.

Dieses Thema vom „GLÜCK" erscheint bereits in „DIE LAUNE" … 5. Auftritt. „Kunst-Stil-Merkmale": „AUGE UND HÄNDE".

Eridon und seine Liebes-Klage:

„Ich fühl mein zärtlich Herz von Wonne hoch entzückt,

„Wenn mir dein Auge lacht, wenn deine Hand mich drückt.

„Ich dank den Göttern, die mir dieses Glücke gaben;

„Doch ich verlang's allein, kein andrer soll es haben."

„Auge und Hand" von Amine zu haben, ist Eridons „Glücke."

Das Gleiche Thema finden wir im „FAUST I" Zeilen: 3184 ff: Faust:

„Laß dieses Blumenwort Dir Götterausspruch sein. Er liebt dich! …

„Laß diesen „BLICK", Laß diesen „HÄNDEDRUCK" DIR SAGEN,

„WAS UNAUSSPRECHLICH IST; …

„Eine „WONNE" zu fühlen, die ewig sein muß."

„Augen und Händedruck" wären das „Glück", aber bei den „wunderlichen" Nachbarskindern, spielt die „Macht der Natur" noch eine Rolle.

Das Mädchen wehrt sich wie eine „Katze", die ihm mit ihren „Händen", die Augen auskratzen will. Aber es ist das gleiche Zeichen „Auge und Hand", daß durch die „Macht der Natur" dem Knaben gehört.

Diese „Kunst-Stil-Merkmale" werden von Goethe entwickelt, bereits in seinem ersten Werk „DIE LAUNE"…, und sie erscheinen in späteren Werken wieder, wo sie für „WORT UND SINN" seiner Werke gelten. Amines „Lust" wird durch Eridons „Glück" gestört. Er wird zum „Herrn" von „Macht und Natur", und sie zur „Magd".

„Wunderlich" bedeutet hier:
„Die Macht der Natur" und das „Augen auskratzen".
Das ist das Benehmen eines „Tieres", einer „Katze".

Die Kinder werden nun getrennt. Der Knabe entwickelt sich als Soldat zum „Wohlsein" anderer durch seine „tüchtige Natur."

Das Mädchen bekommt einen älteren, neuen Freund, der sich als Liebhaber und „Diener" um sie bemüht. Dieses „Dienertum" tat ihr „wohl". Sie ist keine „Haus-Magd". Sie wird „Braut" und glaubt „glücklich" zu sein.

Plötzlich begegnen sich die früheren „Widersacher" wieder, und nun ist es dem Mädchen, als ob es aus einem Schlaf, einem Traum erwache, d.h. die „Natur des Mädchens", ist zur „Natur der Frau" geworden; und nun erinnert sie sich an die früheren Kriegsspiele als an die „größte Seligkeit" da er sie „band".

Die „Natur der Frau" will nun die „Macht der Natur des Mannes" als „Herrn" oder „Helden" über sich siegen sehen. Dies wäre aber wiederum die „Macht der Natur des Tieres" im Mädchen, die erweckt wurde.

Es folgt nun das Thema vom: „SCHEIN DES HIMMELS-LICHTS" oder der „VERNUNFT" vom „Katzen-Geist".
Das Thema „Licht" oder „Irr-Licht" hängt zusammen mit dem Teilen von „gut" oder „böse" sein. Das Mädchen behielt ihr „Natur-Empfinden" für sich, so daß niemand es mit ihr teilen konnte. Das „schöne Herz" der Braut vom früheren kindlichen Geist mit all seinen Tücken (Katzen-Geist) rüstete sich auf eine höhere Lebensstufe.

„NEUE VERNUNFT" vom Katzen-Geist auf „höherer Lebensstufe" oder „SCHEIN VOM HIMMELSLICHT" (Irr-Licht).

Durch ihr Sterben soll er (der Nachbarsknabe), der nicht mehr zu ihr hinsieht, durch Reue an ihr totes Bild auf ewig vermählt werden, die Strafe, weil er ihre „Natur-Empfindung" nicht teilte. Dieser seltsame Wahnsinn machte sie für andere Menschen „Wunderlich."

„Wunderlich" wurde 2-mal in Verbindung mit dem „Katzen-Geist" gebracht:
1) Hände binden, um nicht die Augen auszukratzen.
2) Reue uns Treue als Strafe für das „nicht-Mit-Empfinden" vom „Herrn" für die „Macht der Natur der Frau," etc.

Dieser „wunderliche Katzen-Geist" der „Vernunft „ vom „SCH. EIN DES HIMMELSLICHTS" ist also keine „Höhere Lebensstufe" vom „Mensch-Sein", der sich geistig Gottes Wille zuwendet, sondern es ist der „Katzen-Geist" der „Vernunft", der beim zweiten „wunderlich" tierischer als jedes Tier ist.

Die „Katze" (Geliebte) erreicht ihr Ziel dennoch --- sie springt ins Wasser und er rettet sie. Sie werden „Braut" und „Bräutigam", obwohl den liebenden Bräutigam die Besinnung fast verlassen hatte, er ist sozusagen vom „Katzen-Geist" überrollt.

Die NOVELLE schließt mit „Wille und Wollen" beim „Wählen", zu dem die Eltern ihren Segen geben sollen. Dreimal erschallt: „EUREN SEGEN". Da dieser Segen der Eltern nicht mit Gottes Segen übereinstimmen konnte, denn es ist keine „Höhere Lebensstufe" der Bildung zum „Mensch-Sein" über die „Elemente" erreicht worden, sondern eine Stufe: „tierischer als die Elemente" So wird das Ganze mit „SCHAUSPIEL" betitelt. Egle als „Katze" zeigt auch einen „Schauspiel-Geist" von der Vernunft. „Amine, küß ihn! weil er so „vernünftig" spricht." Dies bezieht sich auf das Teilen der „LUST".
Auch im „WERTHER", Am 16.Junius, gibt es ein „Schauspiel":
Als Werther in die Tür trat fiel ihm das reizendste SCHAUSPIEL in die Augen", es steht in Verbindung mit „Lottes weißem Kleid" und den „blaßroten Schleifen an Arm und Brust", und dem „schwarzen Brot". Mit dem „Schauspiel-Geist" ist Lottes Geist gemeint, der nur darauf bedacht scheint zu „REIZEN", und so vergaß sie über dem „Anziehen" das Vesper-Brot der Kinder. „Anziehend ist ein Synonym für „Reizend" „WORT UND SINN" verbindet Goethes einzelne Werke.

Das WORT „wunderlich" verbindet Egles „Katzen-Geist mit Mephistos „Geist der Vernunft", die er dem „HERRN" gegenüber im „PROLOG" ausspricht, Zeilen 281 ff.:
„Der kleine Gott der Welt bleibt stets vom gleichen Schlag,
„Und ist so wunderlich" als wie am ersten Tag.
„Ein wenig besser.würd er leben,
„Hättst du ihm nicht den „SCHEIN DES HIMMELSLICHTS" gegeben.
„Er nennt's „Vernunft" und braucht's allein

„Nur tierischer als jedes Tier zu sein."
Und Mephisto weiter: Zeile 322
„Mir geht es wie der „Katze mit der Maus".
Mephisto gibt zu, das sein „Geist" dem der „Katze Egle"
gleicht.
Hier erscheinen auch die „Wangen", Zeile 320:
„Am meisten lieb ich mir die vollen, „frischen Wangen."
Auch diese „frischen Wangen" erscheinen im „WERTHER":
Lottes „lebendige Lippen und die frischen Wangen" zogen
Werthers „ganze Seele" an. (Anziehen ist ein „Synonym" von
„Reizen".)
Es ist nicht „Werthers Seele", die von den „frischen Wangen"
angezogen wird, sondern es ist „Werthers Geist", der vom „Teu-
fels-Geist Mephistos" angezogen wird. „WORT UND SINN"
stellt AUCH HIER DIE VERBINDUNG DER EINZEL-
NEN WERKE HER.

In DIE LAUNE DES VERLIEBTEN", 4. Auftritt, bringt
Lamon das „schöne Band" zur „SCHLEIFE" und spricht vom
„Chloris-Kuß" als Lohn. Egle will diesen „Chloris-Kuß" teilen:
„Komm gib mir doch den Kuß von deiner Chloris wieder.
„Von Herzen gern", sagt Lamon. Amine jedoch distanziert sich.
„Seid ihr nicht wunderlich."

Hier wird die „SCHLEIFE" vorgestellt, die die „PAARE
ÜBERS KREUZ" durch den „teilbaren Kuß verbindet. Es ist
die „SCHLEIFE" der „PAARE ÜBERS KREUZ", die auch
in den „WAHLVERWANDTSCHAFTEN" in I, 4 eingeführt
wird, und das Verhältnis der Paare näher beschreibt.
Der Schluß:
So ruhen die Liebenden neben einander, Friede schwebt über
ihrer Stätte, heitere verwandte Engelsbilder schauen vom Ge-

wölbe auf sie herab, und welch ein freundlicher Augenblick
wird es sein, wenn sie dereinst wieder zusammen erwachen.
Aber sie werden nicht erwachen, denn sie sind vereint durch die
„SCHLEIFE" der „PAARE ÜBERS KREUZ", sowie durch
die „STIMME DER TÜCKE".

Das Kind wurde durch einen „doppelten Ehebruch" erzeugt,
und macht seine Eltern schuldig. Und Ottilie bildete mit dem
Kind auf dem Arm, lesend und wandelnd eine gar anmutige
„PENSEROSA" aber „PENSEROSA" bedeutet „STIEFMÜT-
TERCHEN.
(Zweiter Teil, 11. Kapitel). Die Blume -- PENSEROSA --
drückt aus, daß Ottilie kein Mütterchen sondern ein „Stief-
mütterchen" für das Kind war.

„PENSEROSA" = „Stimme der Tücke".
Es wird keine „Rose", die die Engel streuen, wie am Ende von
„FAUST II", sondern es ist eine „Stiefmutter".

Auch im „WERTHER" erscheint diese „SCHLEIFE" vom
„Paar übers Kreuz sogar als „Ding-Symbol" d.h. man kann sie
anfassen. Es sind die „blaßroten Schleifen" an „Arm und Brust"
von Lotte. Es sind auch die „SCHLEIFEN" der „Stimme der
Tücke" vom „Paar übers Kreuz" Lotte / Werther

Goethe widmete 1824 dem „Werther" ein Gedicht: „AN
WERTHER"
„Er sucht vom Aether, den er gern verläßt,
„Den treuen Blick, und dieser hält ihn fest,
„Doch erst zu früh und dann zu spät gewarnt
„Fühlt er den Flug gehemmt, fühlt sich umgarnt.
„Das „WIEDERSEHN" ist froh, das Scheiden schwer
„Das „WIEDER'- WIEDERSEHEN" beglückt noch mehr.

„Und Jahre sind im Augenblick ersetzt;
„Doch tückisch harrt das „LEBEWOHL" ZULETZT.

Am Ende von „WERTHER" NACH DEM KUSS SAGT
LOTTE ZU WERTHER:
Das ist das letzte Mal! Werther! Sie sehen mich nicht wieder.
--- Werther: „Lotte! Lrotte! Nur noch ein Wort! Ein Lebewohl!
Sie schwieg. Er harrte und bat und harrte; dann riß er sich weg
und rief: „Lebe wohl, Lotte, auf ewig lebe wohl!
Das „LEBE WOHL" SPIELT AM ENDE DER „IPHIGE-
NIE" EINE WICHTIGE ROLLE.

Im „WERTHER" war der „Kuß" die „Stimme der Tücke"
vom „Paar übers Kreuz". Lotte und Werther werden sich nicht
„wiedersehn". Wie auch Ottilie und Eduard sich nicht „wiedersehn" werden, weil sie zu den „Paaren übers Kreuz" gehören
und durch die „Stimme der Tücke" verbunden sind.
Nur Gretchen wird Faust „wiedersehen".
„FAUST, Kerker, Zeilen 4584/5: Gretchen zu Faust:
„Wir werden uns wiedersehn, aber nicht beim Tanze."

GOETHES MÄRCHEN

bringt ebenfalls eine „BLUME". Aber es ist keine „Rose" sondern eine „Lilie".
„Der Prinz rief, als er ihr die silberne Treppe hinauf entgegen eilte, … Liebe Lilie: Was kann der Mann sich köstliche-
res wünschen als die Unschuld und die stille Neigung, die
mir dein Busen entgegen bringt?" Mit diesen Worten fiel er
dem „schönen Mädchen" um den Hals; sie hatte den Schleier
weggeworfen und ihre Wangen färbten sich mit der schönsten
unvergänglichsten Röte.
Die „köstlichste Röte" bedeutet den „Fetten Bissen" für den

Prinzen, wie in „DIE LAUNE DES VERLIEBTEN" --- die
Röte = die „Wolfs-Beute" bedeutete.

In „DIE LAUNE …" erhält Eridon die „ROSE" von Amine, 3.
Auftritt. Anfang des 4. Auftritts sagt Egle zu Amine über die
„ROSE", „Sein stolzer Hunger wächst, je mehr du ihm gibst.
Gib acht er raubt zuletzt dir alles, was du liebst." Eridon ist ein
„Räuber" oder ein „HABICHT"
„ERIDON IST DERJENIGE VOM PAAR DER ALLES
HABEN WILL, also derjenige, der nicht teilt, er hat „Gier".

MÄRCHEN UND GEISTIGER SPIEGEL als „Ding-Symbol!
In diesem Augenblick schwebte der HABICHT (Hab' ich =
Räuber) mit dem „Spiegel" (der den Schein des Himmelslichts
anzeigt) hoch über dem DOM, fing das Licht der „Sonne"
auf, und warf es über die auf dem Altar stehende Gruppe.
Der König, die Königin und ihre Begleiter erschienen in dem
dämmernden Gewölbe des Tempels von einem „himmlischen
Glanze" erleuchtet, und das Volk fiel auf sein Angeicht.

Der „HABICHT" zeigt im „Spiegel" den „SCHEIN DES
HIMMELSLICHTS" und wirft ihn auf König und Königin,
sowie die übrigen „Paare", die keine „Himmlische Hochzeit"
feiern können. Gemeint sind alle „Paare" in Goethes Werken,
die nicht „Teilen" können. Also alle „Paare", die keine „Himmlische Hochzeit feiern können, und sich daher auch nicht wiedersehen können.
Nur Gretchen und Faust werden sich „wiedersehen" zur
„Himmlischen Hochzeit".
Gretchen zur Maler Gloriosa: Zeilen 12069 ff.:
„Neige, Neige … Dein Antlitz meinem Glück!
„Der früh Geliebte, Nicht mehr Getrübte,

„Er kommt zurück."

Gretchens „STIMME DES LICHTS" kommt aus dem Herzen und zeigt sich als „Licht" auf ihrer „Wange". Faust, Zeilen 2613/14:
„Der Lippe rot, der Wange Licht,
„Die Tage der Welt vergeß ich's nicht."
Während Lottes „frische, muntere Wangen zu „glühenden Wangen" werden, bei „Ossians" Frühlingsluft. Sie zeigen das „Feuer" von Mephistos Geist.

Auch in „WILHELM MEISTER LEHRJAHRE" gibt es ein"gutes Mutterkind". Es ist Mignon. Sie stellte sich oft an ein Gefäß mit Wasser, und wusch ihr Gesicht mit so großer Emsigkeit und Heftigkeit, daß sie sich fast die Backen aufrieb, bis Laertes durch Fragen und Necken erfuhr, daß sie die „SCHMINKE" von ihren Wangen auf alle Weise loszuwerden suche, und über dem Eifer, womit sie es tat, die Röte, die sie durch's Reiben hervorgebracht hatte, für die hartnäckige Schminke halte. Man bedeutete sie, und sie ließ ab, und nachdem sie wieder zur Ruhe gekommen war, zeigte sich eine schöne braune, obgleich nur von wenigem „Rot erhöhte" Gesichtsfarbe. (Buch II, Kapitel 5.)
Die „Schönheit" der „roten Wangen" wird bei Mignon zur „Schminke", die sie los werden will. Es ist kein Zeichen von Schönheit.

In „SCHNEEWITTCHEN" brachte die „Alte" den, Apfel:
„Siehst du da schneide ich den Apfel in zwei Teile, den „roten Backen" ißt du, … Schneewittchen lusterte den schönen Apfel an, … kaum hatte es einen Bissen davon im Mund, so fiel es tot zur Erde nieder." Die Zwerge fanden Schneewittchen, aber sie konnten es nicht begraben, denn es sah noch so frisch aus

wie ein lebender Mensch und hatte noch seine schönen roten Backen.

Die „doppelte Schönheit" von Schneewittchen, die keine Schönheit ist, wird durch die „roten Backen" oder die „Röte der Wangen" angezeigt. Mignon will sich von dieser „falschen Schönheit" distanzieren. Sie ist ein „gutes Mutter-Kind, denn sie hat sich der „Gottes-Mutter an vertraut.

„WIEDERSEHEN" und „HIMMLISCHE HOCHZEIT" gibt es nur bei Gretchen und Faust'. angezeigt durch das „Licht der Wange". Es ist das „Licht" der „Stimme???? zu Egles „Katzen-Geist" gehört die „Röte".

Das „Tanz-Mädchen, verschönert durch „Rote Wangen" erscheint in Egles „Spiegel vom Geist". Es ist auch der „Zauber-Spiegel" der Hexe im „FAUST", und die „roten Backen" stammen auch vom „lusternden Apfel".

„IPHIGENIE AUF TAURIS"
(Ein Schauspiel)

„WORT UND SINN" ist auch in Goethes Iphigenie ein Thema, so z.B. heißt das „letzte Wort": „Lebt wohl".

„Lebt wohl" erscheint bereits in Goethes erstem kleinen Werk:

„DIE LAUNE DES VERLIEBTEN", ein Schäferspiel, 7.Auftritt: verbunden mit dem „Tanz".

Egle: Ich muß zum Zug!

Amine: Lebt wohl!

Egle: Amine! Nun, gehst du nicht mit?

Lamon: Da muß sie einem nun den „schönen Tanz" verderben!

Egle: Den Tanz versäumst du! …

Es tanzt sich schön. Lebt wohl!

Anschließend folgt Egles Lied vom „falschen Liebsten":
„Und wenn euch der Liebste mit Falschheit neckt, …
„Da singet und tanzet, da hört ihr ihn nicht."
Hier, zu Anfang von Goethes Werken wird das „Leb Wohl"
mit dem Tanz, und der „STIMME DER FALSCHHEIT"
oder der „STIMME DER TÜCKE „ verbunden, während das
„Leb Wohl" in der „IPHIGENIE" mit der „STIMME DER
WAHRHEIT" oder der „STIMME VOM LICHT" verbun-
den wird. Das heißt das Wort: Lebt Wohl macht eine Ent-
wicklung durch. Der „SINN". von „Lebt Wohl" bei „Tanz und
Lust" ist in der „IPHIGENIE" nicht mehr „Tanz und Lust",
sondern Freundschaft. Und so wird „Leb Wohl" mit; „Und
reiche mir zum Pfand der alten Freundschaft deine Rechte."
Lebt Wohl! verbunden. So heißt es in Goethes Gedicht an
„WERTHER":
Das Wiedersehn ist froh, … das Wieder- Wiedersehen beglückt
noch mehr …
„Doch tückisch harrt das „LEBEWOHL" zuletzt. (Entwick-
lung von „Leb Wohl".)

Zwei Merkmale sind hier zu beachten: „Die Stimme der Wahr-
heit" oder die „Stimme des Herzens", und die „Rechte" oder
die „Hand".
Iphigenie will mit „reinem Herzen" und mit „reiner Hand" das
„Haus" entsühnen. Und sie hat am Ende bereits das „Wohn-
haus der Göttin Diana", oder auch das „Wohnhaus von König
Thoas" mit „reinem Herzen" und „reiner Hand" entsühnt.
In „DIE LAUNE…", 3. Auftritt erscheint bereits: „Herz und
Hand" verbunden mit dem Wunsch zum Tanz zu gehen In
„DIE MITSCHULDIGEN 4. Auftritt", Goethes zweitem

Werk ist Sophies armes Herz zerrüttet und in II, 3 erklärt Sophie:

„Meine Hand hat er (Söller mit dem Sophie verheiratet ist)
„Aber Alcest inzwischen besitzt wie sonst mein Herz."

Sophie hat also kein „reines Herz" und keine „reine Hand", und Sophie lebt auch nicht in einem „friedvollen Haus", sondern (mit dem Teufel zusammen) im Vater-Haus (III, 5).
In „DIE MITSCHULDIGEN" II, 5 erscheint Sophie dem Alcest als das „liebe Weib" noch immer, was sie war, als „Bild der Gottheit".
„Und jenes Bild ist hier noch nicht herausgespült, wie mir die Liebe sie vollkommen herrlich zeigte. Das „Bild" dem sich mein Herz in tiefer Ehrfurcht neigte … Und doch bleibt ihr ein Rest von „Heiligkeit". Und in III, 7 erklärt Alcest, daß Sophie ihm Gottheit, Mädchen, Freund, in allem alles war. Sophie aber fällt durch den „Diebstahl" „Allein, so tief! so tief!"
Sophie ist kein „Bild der Gottheit". Sie ist nur durch den „Freundschafts-Kuß" (Kuß und nicht mehr) vor Alcest wieder zu „Ehren" gekommen. Und das bezieht sich auch auf das „WOHLLEBEN":
In II, 5 verabschiedet sich Sophie von Alcest mit:
„LEB WOHL" und glaube mir, daß ich die „Deine" sei.
Hier drückt das „Leb Wohl" noch „Falschheit" aus
In I, 2 war Sophie „hungrig auf den Ball" also den „Tanz". Sie ist nicht die „Seine", sondern sie will das „Wohlleben" vom Tanz vom Ball.
Und in I, 5 war Alcest ihr einziger „Trost", d.h. sie -will Alcestens „SILBER" für ihr „Wohlleben".
Sophie möchte als „Bild einer Gottheit" erscheinen und als „Bild einer Gottheit" in Alcestens Herz einziehen. Aber durch den „Silber-Diebstahl" hat sie keine reine Hand und kein reines Herz mehr: und ihr fehlt auch die „Stimme der Wahrheit"

100

Das „LEB WOHL" VON II, 5 UND „DASS ICH DIE DEINE SEI" ist Falschheit. Sophie ist das Gegenteil von Iphigenie. Auch „entsühnt" Sophie nicht ihr Vater-Haus, sondern „im Hause vom Vater" hält der Teufel Fastnacht mit Tochter Sophie.

III, 5 „DIE MITSCHULDIGEN" Vater Wirt zu Söller: Da trägt der Fastnachtsnarr zum Tanz und Spiel sein Geld und lacht, wenn hier im Haus der Teufel Fastnacht hält ... Alcest, Sophie! Soll ich's ihm noch erzählen!" Söller: Nein, nein ... Sophie entsühnt nicht das Vater-Haus, und mit dem Teufel gibt es kein „WOHLLEBEN" im Sinne der Freundschaft.

Das „LEBT WOHL" beginnt bereits in „DIE LAUNE ... in Verbindung mit „Tanz und Lust"; es erscheint dann wieder in „DIE MITSCHULDIGEN" I, 5 und ist hier ebenfalls verbunden mit „Tanz und Lust". In III, 8 soll Sophie „für das gestohlene Silber" mit „Lust" zahlen. Das „LEBWOHL" beginnt im negativen Sinne, denn der „Tanz" ist mit der „Stimme der Tücke" verbunden.

Das „LEBWOHL" wird erst durch Iphigenie veredelt, ihre „Stimme der Wahrheit". Auch „Hand und Herz" werden erst durch Iphigenie „rein", also veredelt. Und das Gleiche trifft für den „Arm" zu:
Der „Arm" gehört ebenfalls zum „Tanz".
Der „Arm"
erscheint das erste Mal in „DIE LAUNE DES VERLIEBTEN", 3. Auftritt. Eridon kommt langsam mit übereinandergelegten Armen ... aber die Arme treten noch nicht in Aktion.
Amine: „Ich tanze nur mit dir, ich will dich nie verlassen. Dich nur dieser Arm, dich diese Hand nur fassen. Aber Eridon und sein Arm gehen nicht auf Aminens Tanz-Wunsch ein.

Erst in „DIE LAUNE ... 8. Auftritt wird Eridons Arm aktiv: Sie, Egle, affektiert eine zärtliche Entzückung und sinkt an seine, Eridons, Brust, er schlingt seinen Arm um sie, um Egle nicht um Amine, und es folgt der „Kuß vom Verrat", der „Kuß der Falschheit", oder die „STIMME DER TÜCKE".

Dieser „Arm" verbunden mit der „Stimme der Tücke" setzt sich fort bis „FAUST I", Faust 2605/06:
„Mein schönes Fräulein, darf ich wagen,
„Meinen Arm und Geleit Ihr anzutragen?"
Dieser Fausts Arm ist ebenfalls mit der „Stimme der Tücke" verbunden. Faust kommt gerade aus der „Hexenküche" und Mephistos letzte Worte an Faust sind: (Mephisto leise) 2603/04:
„Du siehst mit diesem Trunk im Leibe,
„Bald Helenen in jedem Weibe."
Die „Stimme der Tücke" bedeutet hier, daß Faust nicht die „wahre Stimme der Liebe" für Gretchen fühlt, sondern er sieht in jedem Weibe Helenen. In Gretchen sieht Faust eine „Buhle", und so heißt es: Faust 2618/19:
„Hör du mußt mir die Dirne schaffen!
„Nun welche? fragt Mephisto.
Der „Arm" (und die Brust) formen die „SCHLEIFE" vom „Paar- übers Kreuz" in „DIE LAUNE DES VERLIEBTEN", IN „WERTHER" und auch in „FAUST".

„HAND, HERZ und ARM"

Werden das erste Mal in „DIE LAUNE DES VERLIEB-TEN", 3. Auftritt verbunden mit dem „TANZ" vorgestellt, hinzu kommt noch im 8. Auftritt der „Verräter-Kuß" oder die „STIMME DER TÜCKE".
Zu beachten ist das Wort: „fassen". Amine sagt:
Ich tanze nur mit dir, ich will dich nie verlassen.
Dich nur soll dieser „Arm" dich diese „Hand" nur „fassen".

Hier haben wir wieder das „Kunst-Stil-Element" „WORT und SINN", das die Aufgabe hat zwei Werke Goethes und ihre Themen zu verbinden. Das Wort „fassen" verbindet „DIE LAUNE ... mit der „IPHIGENIE":

In „IPHIGENIE", III, 1 treffen Iphigenie und Orest das 1.Mal aufeinander: 1170 ff: Orest fragt: „Wer bist du, deren Stimme mir entsetzlich
Das Innerste in seinen Tiefen wendet?
Iphigenie: „Es zeigt sich dir im tiefsten Herzen an
Orest ich bin's! Sieh Iphigenien!"
Hier wird schon auf die Herz-Stimme eingegangen.

1190 erscheint das „Kunst-Stil-Element": „HÖREN und SE-HEN"
IPHIGENIE: „O HÖRE mich! O SIEH MICH AN, wie mir nach einer langen Zeit „das „HERZ" SICH ÖFFNET."

Hier haben wir die „Stimme vom Licht" verbunden mit dem „HERZEN" und 1194/95:
„Mit. meinen „ ARMEN", die den leeren Winden
Nur ausgebreitet waren, dich zu „fassen!"
Iphigeniens „Arme" „fassen" den Bruder.
Was in „DIE LAUNE...." durch das „Arm fassen" zur „SCHLEIFE" UND ZUM „TANZ" FÜHRTE, FÜHRT IN „IPHIGENIE" zum „Schwester/Bruder und Freundes-Band.

III, 3 Orest zu Iphigenie: 1341/42
„Laß mich zum ersten Mal mit freiem Herzen
„In deinen Armen reine Freude haben." weiter 1355 Orest
„O laßt mich auch in meiner Schwester Armen,
„An meines Freundes Brust, was ihr mir gönnt,
„Mit vollem Dank genießen und behalten.

„Es löst sich der Fluch, mir sagt's das Herz.

Hier wird der „ARM" der „REINEN FREUDE" zur Schwester, zum Bruder-Arm. In IV, 5. Auftritt, 1701:
Iphigenie hofft mit reiner Hand und reinem Herzen die schwer befleckte Wohnung zu entsühnen! Und in ihren Armen einen Bruder zu heilen.
Der Arm ist nicht mehr der „Tanz-Arm", der die „Schleife" der „Stimme der Tücke"
bildet, sondern der „ARM" wird der „ARM" der „reinen Freude".
Und so endet auch die „IPHIGENIE" nicht mit der „Stimme der Tücke", sondern mit der „STIMME der WAHRHEIT", DER „STIMME VOM HERZEN, der „STIMME VOM LICHT".
Iphigenie will mit „reiner Hand" und „reinem Herzen das Eltern-Haus entsühnen, und ihr Arm bringt Heilung für den Bruder. Der ganze Komplex von Hand, Herz und Arm wird umgekehrt vom ursprünglichen „Arm und Schleife" der „Stimme der Tücke" in „DIE LAUNE …"

In V, 4, 2004 – 06
Hat Iphigeniens „Kindlich Herz" „unser ganz Geschick" in seine Hand – die Hand vom König gelegt, der Iphigeniens 2. Vater ward.
„Hand und Herz" basieren auf Vertrauen.
Und Orest am Ende vom 4. Auftritt: 2011 spricht das „Kunst-Stil-Merkmal" von „SEHEN und HÖREN" AUS: Orest zu Iphigenie:
„So sprich! Du siehst, ich höre deinen Worten.
Eingeleitet durch diese „STIMME VOM LICHT" ER-SCHEINT im letzten Auftritt V, 6 der „TON DER STIMME" nicht mehr als „Stimme der Tücke" sondern als „Wahrheit".

Iphigenie: 2156:

„Wie mir mein Vater war, so bist du's mir, und dieser Eindruck bleibt in meiner Seele. Bringt der Geringste deines Volkes je den „TON DER STIMME" mir ins Ohr zurück, den ich an euch gewohnt zu „HÖREN" bin, und „SEH" ich an dem Ärmsten eure Tracht. Empfangen will ich ihn. wie einen Gott, …

„HÖREN UND SEHEN" leitet hier den „TON DER STIMME" ein.

2168: „LEB WOHL"! O wende dich zu uns und gib

2169 „Ein holdes Wort des Abschieds mir zurück!

„Leb Wohl" wird zum „Holden Wort", es gehört nicht mehr zur „Stimme der Tücke" wie beim „Tanz" in „DIE LAUNE …"

2172 „Leb Wohl"! und reiche mir zum Pfand der alten Freundschaft „deine Rechte."

THOAS: „LEBT WOHL!"

Das „Wohlleben" ist auch nicht mehr verbunden mit dem „SILBER" in „DIE MITSCHULDIGEN". „LEBT WOHL" WIRD VEREDELT.

Der „Ton der Stimme" wird verbunden mit „SEHEN UND HÖREN" UND MITGOTT. Der Ton der Stimme" wird zur „Stimme des Herzens", zur Stimme vom Licht.

GOETHES KUNSTSTIL

Goethe benutzt in seinen Werken: „Kunst-Stil-Elemente" aus GRIMMS-MÄRCHEN; wie z.B. „BLICK" UND „KUSS" aus „DORNRÖSCHEN. Es wird das „Helden-Band" in „DIE LAUNE DES VERLIEBTEN", aber auch das „Helden-Band" in „FAUST".

Goethe entwickelt „WORT" UND „SINN" aus der „Stimme des Lichts". Die „Stimme des Lichts" stammt aus „ROTKÄPPCHEN".

Im Gegensatz zu Goethe wird es bei Faust im Busen helle durch die Lampe, und die Vernunft fängt wieder an zu sprechen. Die Vernunft ist aber nur der Schein vom Himmelslicht, und weil es nur der Schein ist, kann Faust auch „WORT" UND „SINN" nicht verstehen. Faust übersetzt das „Neue Testament" in sein geliebtes Deutsch, 1223 ff.:
„Geschrieben steht: Im Anfang war das Wort!"
Ich kann das Wort so hoch unmöglich schätzen.
„Geschrieben steht: Im Anfang war der Sinn."
Ist es der Sinn, der alles wirkt und schafft?"

FAUST kann „WORT" UND „SINN" nicht verstehen, daher stammt der Unterschied zwischen Goethe und Faust. Goethe verbindet seine Werke. durch „WORT" UND „SINN" zu einem „GESAMMT KUNSTWERK". „WORT" UND „SINN" ist ein „Kunst-Stil-Element"; man muß denken, um den Zusammenhang und die Struktur eines einzelnen Werkes, sowie auch den Zusammenhang aller seiner Werke zu verstehen. Dies wird noch verdeutlicht durch die „Stimme des Licht", die am Anfang der Schülerszene erscheint: Schüler: 1886/1887:
„Und in den Sälen, auf den Bänken,
„Vergeht mir HÖREN, SEHN und DENKEN".
„Hören und Sehen" ist die „Stimme des Lichts", die anzeigt, daß das „Denken" vergeht.
Anschließend spricht dann Mephisto über „WORT und SINN": 1990 ff.:
„Im ganzen -- haltet euch an Worte! …
„Mit Worten läßt sich trefflich streiten,
„Mit Worten ein System bereiten,
„An Worte läßt sich trefflich glauben,
„Von einem Wort läßt sich kein Jota rauben."
Natürlich ist dies von Mephisto ironisch gemeint, und ist auch

auf Faustens Verständnislosigkeit von „Wort und Sinn" eine Antwort.

„GRETCHENS GOLDENE KETTE"
im „FAUST" VON J.W. GOETHE

DIES IST EINE STRUKTUR ANALYSE, d.h. durch Wiederholungen im Text soll die Bedeutung oder der „SINN" gefunden werden, der dem Text zugrunde liegt; also „WORT und SINN."

Im „PROLOG im HIMMEL" stellt der Herr den Faust als seinen Knecht vor, und Mephisto möchte wetten, daß er den noch verliert. Mephisto bittet um Erlaubnis, den Faust seine -- also Mephistos Straße -- zu führen. Mephistos Strasse endet in der „WALPURGISNACHT", beim „TANZ", wo dem schönen Mädchen die „rote Maus" aus dem Munde springt. Hier soll der Herr den Faust verlieren, auf Mephistos Straße. Mephisto drückt dies im „PROLOG" so aus: 320/322
„Am meisten lieb ich mir die vollen, frischen Wangen.
„Mir geht es wie der Katze mit der Maus
Die Maus ist der „Fette Bissen",
Die Katze-auf die sich Mephisto bezieht, ist „Egle" in „DIE LAUNE … Egle hatte den Katzen-Geist oder die List. Und diese List gebraucht auch Mephisto. Mephisto zu Faust: 2658:
„Wir müssen uns zur „LIST" bequemen." Die „LIST" wird Gretchens „goldene Kette".

In der „WALPURGISNACHT" ist Faust aus dem Tanz getreten und Mephisto sagt:
„Was lässest du das „schöne Mädchen" fahren,

„Das dir zum Tanz so lieblich sang?" Faust darauf; 4178 /4179:
„Ach! mitten im Gesang sprang
„Ein rotes Mäuschen ihr aus dem Munde."
Das Mäuschen ist der „Fette Bissen" den Faust genoß, als er Gretchens „süßen Leib" genoß. Faust erkennt das „blasse Mädchen" und empfindet „Mitleid" mit Gretchen. Durch das „Mitleid" verläßt Faust Mephistos Strasse, den Tanz, und Mephisto kann ihn noch nicht dem Herrn streitig machen.
Das „schöne Tanzmädchen" erscheint zuerst in „DIE LAUNE DES VERLIEBTEN" 8. Auftritt: „Ein Mädchen wird beim Tanz verschönert, rote Wangen, ein Mund der lächelnd haucht." Dies ist Egles „Katzen-Geist. „ Egle zeigt im „Spiegel ihres Geistes" Aminen. Aber sie meint sich selbst, und der Mund, der lächelnd Haucht, führt zum „Verräter-Kuß" und schließlich zur „goldenen Kette".
Die „roten Wangen" stammen von der „bewegten Tanzbrust.

Als Faust Gretchen zuerst trifft: 2613 lobt er:
„Der Lippe rot", „der Wange Licht".
Gretchens „Wange" zeigt das „Licht", das aus ihrem Herzen, ihrer Brust kommt, Gretchens „Herz-Stimme" ist die Wahrheit. Gretchens „Wange" steht im Gegensatz zur „roten Wange" vom „Tanz-Mädchen, rote Wange von bewegter Brust. Am Ende von „FAUST" erscheint die „Stimme von oben": „Ist gerettet" 4612. Die Stimme von oben verbindet sich mit Gretchens Herz-Stimme vom „Licht".

Mephisto meint, daß er in der „WALPURGISNACHT" bereits Faust in seine Klauen bekommt, aber Faust sah ein „blasses, schönes Kind", das dem „guten Gretchen" gleicht, und sagt: „Welch eine Wonne! Welch ein Leiden! „Ich kann von diesem „BLICK" nicht scheiden. 4201/02 Dieser „BLICK" trennt Faust von Mephistos Strasse. Dieser „BLICK" wird das „Band", das Gretchen und Faust verbinden wird. Dies wird klar in „FAUST II".

In „NACHT", 686 ff heftet Faust seinen Blick auf jene Stelle …
„Ist jenes Fläschchen dort den Augen ein Magnet" und „ihm wird auf einmal lieblich helle." „In dir verehr ich Menschenwitz und Kunst." Das ist „Der Geist im Glas". Er sitzt in der Flasche und repräsentiert ein „GRIMMS MÄRCHEN", daß Einfluß auf.Faust hat. Er sieht: einem „FROSCH" ähnlich, und er erscheint als „FROSCH" in „AUERBACHS KELLER".

Zuerst erscheint „Der Geist im Glas" wieder 737: als Faust die Schale an den Mund setzt, Der Chor der Engel singt in „hellem Ton"und Faust: „Welch tiefes Summen, welch ein „heller Ton", zieht mit Gewalt das Glas von meinem Munde?" Das Glas wird von Faustens Munde durch den „TON DER ENGEL" weggezogen.
Der „TON" der „Stimme der Tücke" erschien in die „Laune des Verliebten" 1. Auftritt. Auch in „Die Mitschuldigen" war der „TON" noch mit der „Stimme der Tücke" vereint. Jetzt im „FAUST" wird durch den „Gesang der Engel" ein „neuer TON" eingeführt. Im „KERKER", nachdem die Ketten gefallen sind, erkennt Gretchen: 4468/4469:
„Durch den grimmigen, teuflischen Hohn"
„Erkannt ich den süßen, den liebenden TON."
„Faust- 4469: „Ich bin's!
Dieser „TON" ist nicht mehr die „Stimme der Tücke".
Anschließend kommt die „Kuß-Tragödie"; Faust hat's Küssen verlernt. Da ist „kein Verräter-Kuß" mehr.

In „DIE LAUNE …" entwickelte sich aus dem „falschen Ton" der „Verräter-Kuß", und aus dem „Verräter-Kuß" die „Goldene Kette" die in einem „GRIMMS MÄRCHEN": „Die Nelke" erscheint.

Zum Verständnis von Gretchens „Goldener Kette" ist auch der „schwarze Pudel" wichtig. Der „Pudel" erscheint am Ende von „DIE LAUNE …" indirekt durch „WORT und SINN". Der Satz: „Du mußtest dir dein eigen Urteil sprechen" erscheint in „DIE LAUNE …", wie auch in „GRIMMS MÄRCHEN" „Die Nelke" und bezieht sich auf den „schwarzen Pudel" und die „goldene Kette".

„VOR DEM TOR", im „FAUST I" ERSCHEINT DER „SCHWARZE PUDEL" 1147 FF.

Faust: „Siehst du den schwarzen Hund?"

Wagner hält ihn für einen „Pudel".

Faust: „Er zieht einen Feuerstrudel hinten drein,"

Wagner sieht nichts als einen „schwarzen Pudel". Es mag bei Euch wohl Augen-Täuschung sein.

Faust: „Mir scheint es, daß er magisch leise Schlingen zu künftgem „Bande um unsre Füße zieht,"

Faust:

Hund: Band um Füße.

Dies ist Mephistos „Kleider-Band": 1535 ff. kommt Mephisto als „edler Junker", in rotem, goldverbämten Kleide und rate dir dergleichen anzulegen; sagt er zu Faust:

„Damit du, losgebunden frei, erfahrest was das Leben sei."

Nach dem Motto; „Wehe wenn sie losgelassen."

Faust soll „losgebunden frei" von jedem Gesetz leben. Dieses Band von „losgebunden frei" wird zu Gretchens „Fuß-Ketten."

In der „WALPURGISNACHT", 4184 FF „Steht ein blasses, schönes Kind allein und ferne. Sie schiebt sich langsam nur vom Ort. Sie schein mit geschlossenen Füßen zu gehen." Dies sind Gretchens „Ketten", die durch Faustens „Gesetzlosigkeit" entstanden.

In „AUERBACHS KELLER" werden die Themen: „Geist im Glas" und auch „losgebunden frei" wieder aufgenommen.
„FROSCH" GIEßT BRANDER EIN GLAS WEIN ÜBER DEN KOPF.
Da hast du beides! doppelt Schwein!
Dann singt „Frosch": Dem Liebchen Gruß und Kuß! und 2195 ff den Liedanfang „Riegel auf in stiller Nacht". Dies ist das moralische Lied, welches Mephisto singt (3630 ff), um Valentin zum Zweikampf hervorzulocken in „NACHT, STRASSE VOR GRETCHENS TÜR".

Der „Geist im Glas" in „GRIMMS MÄRCHEN" ist ein „FROSCH"
und in „AUERBACHS KELLER" HEIßT DER STUDENT:"FROSCH" DIE ÄHNLICHKEIT von Frosch zu Frosch besteht in der Auffassung von „Freiheit": 2244 ff. „Es lebe die Freiheit" = „losgebunden frei" und „Es lebe der Wein", Der Wein als „böser"Geist" um „lustig" zu sein. Mephisto: 2245 „Ich tränke gern ein Glas, die Freiheit hoch zu ehren-" und weiter: 2295 „Das Volk ist frei, seht an, wie wohl's ihm geht!" Faust gefällt die „Freiheit" nicht. „Ich hätte Lust nun abzufahren".

Die Studenten über Mephisto: „STOßT ZU"! der Kerl ist vogelfrei!
Mephisto: 2313:"FALSCH GEBILD UND WORT".
Hier wird etwas „Neues" eingeführt, und zwar das „Nasen-Band".

Brander faßt Siebeln bei der „Nase". Die andern tun es wechselseitig und heben die Messer.

Mephisto; 2320: „Irrtum laßt los der Augen-Band."

Aber hier handelt es sich nicht um ein „Augen- Band", sondern um ein „NASEN-BAND" aus „Hand, Auge und Herz" dem Kunst-Merkmal vom „Glück", wird „Hand und Nase und Messer".

Das „Nasen.-Band" wird eingefüht durch „STOSST ZU".

Das „Nasen-Band" erscheint wieder z.B. in „NACHT, Strasse vor Gretchens Tür, Valentin, Gretchens Bruder: 3329 kriegt das „volle Glas zur Hand:

3640 mit Sticheln, Nase rümpfen

3641 soll jeder Schurke mich beschimpfen!"

Es folgt der Kampf zwischen Faust und Valentin, und Mephisto zu Faust: 3711: „STOSS ZU!" (wie oben: 2312)

Valentin fällt. „O weh!" ---

„Hand, Glas, Nase und Messer" zeigen das „Nasen-Band" an.

Am Ende der „WALPURGISNACHT", 4195 erkennt Faust Gretchens Augen:

„Fürwahr, es sind die Augen einer Toten,

„Die eine liebende Hand nicht schloß.

„Das ist die Brust, die Gretchen mir geboten,

„Das ist der süße Leib, den ich genoß.

Durch Valentins Tod, der durch das „Nasen-Band" geschah, wird Faust seine „Schuld" klar. Er sieht in Gretchen nicht mehr sein „GLÜCK"

Augen-Band --- Nasen-Band

Hand, Herz und Auge sondern Hand, Glas, Nase und Messer

Auch in der „HEXENKÜCHE" setzt sich der „Geist im Glas" fort.

In „AUERBACHS KELLER" hieß es: Mephisto: 2205/2206:

„wir kommen erst aus Spanien zurück,

„dem schönen Land des Weins und der Gesänge.

Bei „Wein und Gesang" fehlt das „Weib",

Zur Vervollständigung von „WORT und SINN"

DAS „WEIB" erscheint nun in der „HEXENKÜCHE"

Faust 2436 ff.:

„Das schönste Bild von einem „WEIBE"!

„Ist's möglich, ist das Weib so schön?

„Muß ich an diesem hingestreckten Leibe

„Den Inbegriff von allen Himmeln sehn?

„So etwas findet sich auf Erden?"

Dieses „Himmlische Bild" zeigt sich im „Zauber-Spiegel". Dieser Spiegel ist also auch mit dem „Geist vom Glas" verbunden; ein Spiegel ist ein Glas. Faust 2461 ff: Sein Busen fängt ihm an zu brennen: Dies ist das „Gefühle und Gewühle" in Faustens Brust, das im 2. Garten von Marthe wiederholt wird: 3452 ff:

„Und wenn du ganz in dem Gefühle selig bist.

„Nenn es dann wie du willst,

„Nenn's Glück! Herz! Liebe! Gott!

„Ich habe keinen Namen dafür!

„Gefühl ist alles,

„Name ist Schall und Rauch.

„Umnebelnd Himmelsglut."

Es handelt sich hier nicht um „Himmelsglut", sondern um Mephistos Feuer, das er in Faustens Brust entzündet. Diese „Himmelsglut" ist der „Geist vom Glas", der aus dem „Spiegel-Glas" und aus Mephisto kommt. Am Ende der „HEXENKÜCHE" will Faust nur schnell noch in den „Spiegel" schauen! 2600:"Das Frauenbild war gar zu schön!"

Aber Mephisto: 2601 ff.

„Nein! nein! Du sollst das Muster aller Frauen

„Nun bald leibhaftig vor dir sehn.

(leise) „Du siehst mit diesem Trunk im Leibe,

„Bald Helenen in jedem Weibe."

Diese letzten Worte Mephistos bedeuten die „SCHLEIFE".
Die „Schleife" von den „Paaren übers Kreuz". Faust wird jede
Frau anziehend finden, er wird für jede Frau den „Reiz der
Lust" empfinden. (Das würde bedeuten eine „Buhle" oder
„Dirne" in jeder Frau zu sehen.)

Mephisto zur Hexe: 2578 ff:

„Gib deinen Trank herbei, und fülle

„Die Schale rasch bis an den Rand hinan;

„Denn meinem Freund wird dieser Trank nicht schaden."

Die Hexe schenkt den Trank in eine Schale; wie sie Faust an
den Mund bringt, entsteht eine leichte Flamme.

„Schale, Mund und leichte Flamme:

Der „Geist im Glas" steht im Gegensatz zum „hellen TON"
der Engel, die Faust das „Glas" vom Munde wegzogen.

Auch die Hexe unterstreicht nochmals den Zusammenhang
von „Auerbachs Keller" und „Hexenküche" in Bezug auf
„Wein, Weib und Gesang".

Die Hexe: 2591/2592:.

„Hier ist ein Lied, wenn ihr's zuweilen singt, so werdet ihr
besondere „Wirkung spüren." Die Hexe weist damit auf Mephistos „moralisches Lied" hin. Mephisto: 3680:"Ich sing ihr
ein moralisch Lied." Es ist das Lied von „Liebchens Tür" und
den „Riegel offen" zu lassen.

Das „Lied" spielt dann in „Marthes 2. Garten" eine Rolle:
Margarete 3506:

„Ich ließ dir gern heut nacht den Riegel offen,

„Doch meine Mutter schläft nicht tief, …" Faust antwortet:
3511 „Hier ist ein Fläschchen!
3512 „3 Tropfen nur in ihren Trank …"

Die „Flasche" zeigt den „Geist vom Glas" an, verbunden mit
dem Lied vom „Riegel offen". Ab hier nimmt Gretchen am
„Geist im Glas" teil,

Der „Geist im Glas" erscheint wieder im „DOM" als „Böser
Geist" hinter Gretchen. Am Ende vom „DOM" fällt Gretchen
in „Ohnmacht", denn sie ist „ohne Macht" gegen den „Bösen
Geist". Sie bittet daher ihre Nachbarin: „Euer Fläschen".

In „GRIMMS MÄRCHEN" rief der „Geist im Glas":
`Laß mich heraus, laß mich heraus!" Der Schüler entdeckte
eine „Glas-Flasche" bei den Wurzeln des Baumes. Er hob sie
in die Höhe, und hielt sie gegen das Licht, da sah er ein Ding,
gleich einem „Frosch" gestaltet, das sprang darin auf und nieder.
Auch der Student in „Auerbachs Keller" heißt darum „Frosch",
weil er das Thema „moralisches Lied" beginnt, dass sich wie ein
Leitfaden durch den „FAUST" zieht. Mit Froschs Lied beginnt
das Thema vom „Bösen Geist „GRIMMS MÄRCHEN", der
„Geist im Glas" weiter:
Der Schüler, der an nichts Böses dachte, nahm den Pfropfen
von der Flasche ab. Alsbald stieg ein Geist heraus und fing an
zu wachsen und wuchs so schnell …". „Weißt du" rief er mit
einer fürchterlichen Stimme, was dein Lohn dafür ist, dass du
mich rausgelassen hast?" „Nein," antwortete der Schüler ohne
Furcht, „wie soll ich das wissen?" „So will ich dir's sagen", rief
der Geist, den „HALS" muß ich dir dafür brechen."
Der „Böse Geist" bricht demjenigen den Hals, der ihn „Losläßt".
Er ist ein „Henker". Als Gretchen im „DOM" in „Ohnmacht"

fällt, und „ohne Macht" gegenüber dem „Bösen Geist" dasteht, erwacht sie erst wieder im „KERKER". Sie erkennt Faust nicht. Sie denkt nur an den „Bösen Geist", und sagt: 4427 „Wer hat dir Henker diese „Macht" über mich gegeben!"

„SINN und WORT" erscheinen hier wieder als „Struktur Merkmal":

Einmal wird durch „Sinn und Wort" der „DOM" mit dem „KERKER" verbunden.

Weiterhin hat der „Böse Geist", also der „Geist im Glas" die „Macht des Henkers" über Gretchens „Ohnmacht". Und schließlich lehnt Gretchen die Macht, die Faust hatte, ab. Faust 4574/4575:

„Hilft hier kein Flehen, hilft kein Sagen,
„So wag ich's dich hinwegzutragen." Margarete: 4576/4578:

„Laß mich! Nein, ich leide keine Gewalt!
"Fasse mich nicht so mörderisch an!
„Sonst hab ich dir ja alles zu lieb getan."

Die Macht vom „Henker aus der Flasche" ist erst einmal zu Ende. Aber es folgt noch der „BLUTSTUHL". GRETCHEN: 4592 4593

„Zum Blutstuhl bin ich schon entrückt!
‚Schon zuckt nach jedem Nacken die Schärfe die nach meinem zuckt."

Der Blutstuhl beginnt in „Die Mitschuldigen" III, 5.

Das ist dann die „Goldene Kette", die in der „WALPURGIS-NACHT" 4205: ZUM ROTEN SCHNÜRCHEN „nicht breiter als ein Messer-Rücken wurde …" Diese „goldene Kette" bringt Mephisto schon am Anfang der Liebes-Geschichte die mit „STRASSE" BEGINNT.

Margarete vorübergehend
Faust: 2605/2606:

„Mein schönes Fräulein, darf ich wagen,
„Meinen Arm und Geleit Ihr anzutragen?"

Faustens Arm ist der „Tanz-Arm" von Eridon in „DIE LAUNE DES VERLIEBTEN". 8. Auftritt, dieser Arm von Eridon vollzog die „Schleife" der „Paare übers Kreuz", und vollzog den „Verräter-Kuß", der schließlich zur goldenen Kette führte. Gretchen lehnt ab.

Faust: 2609 ff.:

„Beim Himmel dieses Kind ist schön!"

„Der Lippe rot, der Wange Licht.

Hier wird das Gesicht beschrieben vom schönen Tanz-Mädchen, wie in die „LAUNE des VERLIEBTEN", 8. AUFTRITT:

„Ein Mädchen wird beim Tanz verschönert

„rote Wangen, ein Mund der lächelnd haucht."

„Gesicht in „Laune"	„Gesicht Gretchen"
„Wange rot	Wange „Licht"
„Mund + Hauch	Lippe rot
Wange rot	von Brust Wange Licht
durch Tanz-Bewegung	aus Brust kommt Stimme
	der Wahrheit.

Die „Schleife" an Faustens Arm entsteht am Ende der Hexenküche.

Mephisto; 2603/2604:

„Du siehst mit diesem Trank im Leibe,

„Bald Helenen in jedem Weibe."

Das heißt Faust wird in jedem Weibe eine „Lust-Frau" oder Buhle sehen, das ist die Bedeutung der „Schleife".

Faust weiter über Gretchen: 2615/2616:

„Wie sie die Augen niederschlägt,

„Hat tief sich in mein Herz geprägt.

Gretchens Augen --- Dies ist das Zeichen für eine Kette. in Faustens-Herz „Augen und Herz" haben die Bedeutung einer „Kette", dies war schon so in „Die Laune … 7. Auftritt" zeigte die „Perlen-Kette der Freundinnen". Amine stand mit „niedergeschlagenen Augen" da, und weinte. Amine: So weint mein Herz. Augen und Herz weinen, weil sie nicht mit zum Tanz, zum „Wohlleben" darf. Amine geht dann doch mit zum „Tanz."

Jedoch die „niedergeschlagenen Augen" erscheinen wieder im „FAUST I":

1) Faust:2615/2616:

„Wie sie die Augen niederschlägt

„Hat tief sich in mein Herz geprägt."

2) Im „GARTEN"

Faust:3163/3164:

„Du kanntest mich, o klciner Engel, wieder,

„Gleich als ich in den Garten kam?"

Gretchen: 3165: „Saht Ihr es nicht? ich schlug die Augen nieder. Gretchen bezieht sich auf den „Augen-Niederschlag" vom „DOM", und sie erklärt ihre Handlung: ob vielleicht Faust in ihrem Betragen etwas „Freches" gesehen hatte? „Mit dieser Dirne gradehin zu handeln? Die Kette von „Auge und Herz" beginnt hier mit der Frage: Ist Gretchen eine „Dirne", eine „Buhle", und die Kette selbst ist ein Handels-Objekt; Liebe wird gegen diese Kette gehandelt. Das führt dann zum „Mach Handel Boom" im „KERKER".

Faust antwortet 3179: „Süß Liebchen".

Es folgt das Spiel mit der „Blume" oder Spiel mit der Liebe. Zurück zum 1. Augen-Niederschlagen auf der „STRASSE". Mephisto tritt auf. Und Faust sagt: 2619 „Hör, Du mußt mir die „Dirne" schaffen Faust sieht durch den „Trank im Leibe, Helenen in jedem Weibe", und so sieht er in Gretchen eine

„Dirne" oder das „ROTKÄPPCHEN", oder das „Süßliebchen, mit dem er Handel machen will. Faust ist der Wolf, der das „Rotkäppchen" fressen will.

Das „GRIMMS MÄRCHEN": „ROTKÄPPCHEN" beginnt:

„Es war einmal ein kleines süßes Mädchen (Süß-Liebchen), das hatte Jedermann lieb, der sie nur ansah."

„ROTKÄPPCHEN 7 GRETCHEN ist für Faust ein „Süß-Liebchen" beim zweiten „Augen-Niederschlagen" und „Blumen-Spiel".

Mephisto zu Faust: 2608/2609:
„Du sprichst ja wie Hans Liederlich,
„Der begehrt jede „Blume" für sich."

Gretchen wird von Mephisto als „Blume" als „unschuldig Ding" vorgestellt, über die er keine Gewalt hat. Und Faust ist „Hans Liederlich" oder der „flinke Jung", der „Am Brunnen" noch „Luft genug hat", der fort ist, und nicht heiraten wird. Faust will das „schöne Kind" sofort. Mephisto antwortet, daß es nicht so schnell gehen wird: 2658:

„Wir müssen uns zur „LIST" bequemen."

Die List wird das Geschenk, das Mephisto bringt. Die „List" wird die „Goldene Kette", die „Ehre" und „Wohlleben" verspricht, aber das „Gold" bedeutet etwas anderes.

In „GRIMMS MÄRCHEN": Die Nelke erscheint der „schwarze Pudel" mit der „Goldenen Kette". Der „schwarze Pudel" im „FAUST" ist Mephisto, und die „Goldene Kette" die Mephisto bringt symbolisiert Faustens „Gier auf Lust".

Die „STRASSE" ist wohl Mephistos „Strasse", die er Fausten führen will, laut „PROLOG", und die in der „WALPURGIS-NACHT" enden soll, mit dem „schönen Tanz-Mädchen". Wie die „Laune des Verliebten".

Mephisto: 4176 ff

„Was lässest du das schöne Mädchen fahren,
„Das dir zum Tanz so lieblich sang
Faust: 4178/4179
„Ach mitten im Gesang sprang
„Ein rotes Mäuschen ihr aus dem Munde."
Und Faust sieht gleichzeitig 4184 Ein „blasses schönes Kind"
allein und ferne stehn, und Faust empfindet „Mitgefühl" und
von diesem „Blick" kann Faust nicht scheiden. Gretchens „Augen und Faustens Herz" bilden eine „Kette". Dies ist aber nicht
die „Goldene Kette" die Mephisto „AM ABEND" bringt, sondern eine neue.

„ABEND"
Margaret will wissen „wer heut der Herr war". Thema: Ersoll
dein Herr sein. Faust kommt aus einem „edlen Haus" und
Gretchen mit „Gold-Kette" wird zur Edelfrau, denkt sie. Gretchen verschwindet, es erscheinen Mephisto und Faust, aber
Faust will allein sein.

Gretchens Zimmer atmet: Gefühl der Stille, der Ordnung der
Zufriedenheit, und die Hütte wird durch Gretchens „Hand"
zum Himmelreich, Gretchens Hand wird von der Mutter unterwiesen, wie auch „Rotkäppchen". „Ich will schon alles richtig machen", sagte Rotkäppchen zur Mutter und gab ihr die
Hand drauf. Zum richtig machen gehört auch „lauf nicht vom
Wege ab, sonst zerbricht das „Glas".
Also den Mutterweg soll Rotkäppchen / Gretchen einhalten.
Gretchen fragt sich: „Wer ist Faust? Ist es der „große Herr"?
Faust ohne Mephisto wäre nicht der „große Hans" sondern der
„Kleine Faust" 2727/2728:
„Der große Hans, ach wie so klein!"
„Läg hingeschmolzen ihr zu Füßen"

„Ihr zu Füßen" ist ein „Kunst-Stil-Merkmal" und bedeutet in „DIE LAUNE..." „Liebstes Leben" (Letzter Auftritt) und im „FAUST" hat es die gleiche Bedeutung. Im „KERKER" fallen die „Ketten" ab, als Faust zu Gretchens Füßen fällt.

In diesem Augenblick erscheint Mephisto mit der „Goldenen Kette". Erst mit dieser „Goldenen Kette" wird Faust zum „großen Herrn".Faustens Herz war schwer, aber auch das ändert sich nun durch die Kette. Mephisto erklärt den Sinn der Kette: 2746/2747:
„Um Euch das süße junge Kind, Nach Herzens Wunsch und Will zu wenden. Die Kette repräsentiert Faustens Willen.
In Marthens 2. Garten sagt Gretchen 3514: „Was tu ich nicht um Euren willen", und 3518: „Weiß nicht was mich nach deinem Willen treibt. Es ist die „Goldene Kette", die Gretchen treibt", die Tropfen aus Faustens Flasche der Mutter zu geben. Es ist Faustens Böser Geist der Gretchen veranlaßt, den „Geist loszulassen", so daß er als Henker Gretchen den Hals brechen kann.
Bereits am 1. Abend-noch ehe die Kette kommt, sagt Faust: 2719
„Was willst du hier? Was wird das Herz dir schwer?"
„Herzenswunsch und Wille" macht Faust für Gretchen zum „großen Herrn", der ihr den „Kopf" verrückt und den „Sinn" zerstückt.

Margarete mit einer Lampe: 2752:
„Es ist so schwül, so dumpfig hier. Hier beginnt bereits das „Nasen-Band", (Sie macht das Fenster auf.)
Gretchens Zimmer-ehe Mephisto die Kette brachte-atmete Ordnung, Zufriedenheit, keinen Dunst. Die „Kette" wird zum „Nasen-Band"
Gretchen 2755/2756:

„Es wird mir so, ich weiß nicht wie --
„Ich wollt die Mutter käm nach Haus."
Gretchen wie auch Rotkäppchen hat Angst vor dem „bösen
Wolf", der es fressen will. Sie singt: 2759 ff:
„Es war ein König in Thule
„Gar treu bis an das Grab …
Es handelt sich um „Liebe und Treue" eines Königs zu seiner
„Buhle". Gretchen empfindet Faustens „SCHLEIFE", die Me-
phisto am Ende der „Hexenküche" so benannte: „Du siehst mit
diesem Trank im Leibe, Helenen in jedem Weibe. Gretchen
empfindet, daß sie für Faust nur eine „Buhle" sein könnte.
Dann findet Gretchen im Schrein: 2792/2793:
„Ein Schmuck! Mit dem könnte eine Edelfrau
„Am höchsten Feiertage gehn."
Dies bedeutet der Schmuck gibt „Ehre".(Sie putzt sich vor dem
Spiegel)
Gretchen 2802-2804:
„Nach Golde. drängt,"
„Am Golde hängt
„Doch Alles. Ach wir Armen!
Für Gretchen bedeutet das „Gold" = „Wohlleben".
Dies ist Mephistos „LIST" Gold bedeutet nicht „Geld und
Ehre", „Wohlleben", sondern Faustens Gier auf „LUST". (Gier
wie sie der Pudel im Märchen der Nelke hatte).

Es ist gleichzeitig: „Mach Handel"
Für die „Kette", das Geschenk, soll Gretchen mit „Lust" Faust
zahlen. Sie soll zu Faustens Willen sein. Gretchen fühlt dies
auch als sie 3174: „mit dieser Dirne gradehin zu handeln."

Das „Gold oder Geld" von der Kette bedeutet.
„Mach Handel"
In „DIE MITSCHULDIGEN" III, 7/8 zeigt sich Alcestens

Gier und Sophie soll mit „Silber" für die „LUST" = Gold zahlen.

Der „Spiegel" zeigt die „Goldene Kette", aber das ist Mephistos „LIST", es ist Faustens „Gier auf LUST", das Kind nach „Wunsch und Will" zu wenden. „Die Kette der Gier" führt zum „Mach Handel Boom" und zum „Blut-Stuhl" im „KERKER".

„SPAZIERGANG"

Mephisto zu Faust: 2813 „Denkt nur, der Schmuck für Gretchen angeschafft, „ ist weg. Mephisto soll ein „neu Geschmeid" schaffen. Die „neue Kette" führt dann bis zum „Mach-Handel-Boom".

Gretchens Mutter hatte an der ersten Kette „gerochen" (Nasen-Band), ob das Ding heilig oder profan: 2821

„Und an dem Schmuck da spürt sie's klar,

„Daß dabei nicht viel Segen war". 2825:

„Wollen's der Mutter Gottes weihen, …"

Zur Mutter Gottes geht Gretchen, nachdem sie vom Wege abgekommen ist, wie auch „ROTKÄPPCHEN" vom „Wege" abkam. Unter dem „Mach-Handel-Boom" erkennt Gretchen „den Weg zur Mutter". Es ist nicht der „Weg zum Tanz".

Die „Kette" riecht, denn sie hängt zusammen mit dem „Nasen-Band", das Mephisto in „Auerbachs-Keller" vorstellte. Auch Gretchen hatte im vorherigen Kapitel das „dumpfige" gerochen und die Fenster aufgemacht.

Mephisto zu Faust: 2849:

„Gretchen sitzt nun unruhvoll,"

2850:" Weiß weder was sie will noch soll,"

„Denkt ans Geschmeide Tag und Nacht, Noch mehr an den, der's ihr gebracht.

Fast die gleichen Worte sagt Sophie in „DIE MITSCHUL-DIGEN, I, 3“:
„Die Brust ist mir so voll; Ich weiß nicht, was ich will, viel weniger, was ich soll.“

Hier handelt es sich wieder um „WORT UND SINN“, wodurch zwei Werke Goethes zusammen gehalten werden.
Es handelt sich um den Willen zum „falschen Herrn“ zu gehn.
In I, 5 sagt Alcest: „So komm denn, liebes Kind! Nun willst du?
Sophie: „Ob ich will? Ich will zu dir kommen.“
Das 3-malige „will“ bestätigt Sophies „Willen“ zum „falschen Herrn“ zu gehen. In III, 8 geht dann der „Gute Handel“ vonstatten: Alcest:
„Dein Herz ist immer mein, meins immer dein geblieben.“
„Mein Geld ist deins, so gut, als wär es dir verschrieben.“
„Nimm, was du gerne magst, Sophie, nur liebe mich!“
Sophies „Wille“ zum „Falschen Herrn“, bringt den „Guten Handel“ von „Liebe gegen Geld“ mit sich: also eine „Buhle“ sein.
Auch Gretchen geht zum „Herrn Ihres Willens“ im 2. Garten: 3518 „Weiß nicht, was mich nach deinem Willen treibt;“
Es ist die „Goldne Kette“, die Faustens „Gier“ darstellt, und die Gretchen um ihren „Hals“ trägt. Mit dieser „Gold-Kette“ oder „Geld und Ehre“ soll Gretchen für Faustens „Gier“ zahlen.

Gretchen trägt „Faustens Gier nach Lust“ als „Goldene Kette“ um den Hals. In der „WALPURGISNACHT“ heißt es: 4203-4205:Faust:

„Wie sonderbar muß diesen schönen Hals
„Ein einzig rotes Schnürchen schmücken,
„Nicht breiter als ein Messerrücken!"
Die „Goldene Kette" von „Geld und Ehre" für die „Edelfrau
Gretchen" wird zur „Henkerskette" auf dem „Blutstuhl" im
KERKER: 4592-4594:
„ZUM BLUTSTUHL BIN ICH SCHON ENTRÜCKT.
„Schon zuckt nach jedem Nacken
„Die Schärfe, die nach meinem zückt.".
Faustens Goldene Kette, die Gretchen um den Hals trägt,
bedeutet „Gier nach Lust" oder Faustens „SINN". Und für
Gretchen bedeutet diese „Kette": „Geld und Ehre" für eine
Edelfrau, die zum Tanz (zum Fest) geht und zum „WOHLLE-
BEN". Statt „Wohl Leben" wird es der „Blutstuhl."

Mephisto soll einen „neuen Schmuck" herbei schaffen: 2857
Faust:
„Und mach, und richt's nach meinem Sinn": sagt Faust
Hier handelt es sich wieder um das „Kunst-Stil-Merkmal"
WORT und SINN; DASS ZWEI WERKE GOETHES „ZU-
SAMMEN HÄLT".
In „DIE LAUNE DES VERLIEBTEN, 1. Auftritt" sagt Egle:
„Nie war der Eigensinn bei einem MENSCHEN GRÖßER."
ÜBER „ERIDON" UND AMINE antwortet: „Es ist nicht
Eigensinn, der seine Stirne trübt; „Ein launischer Verdruß ist
seines Herzens Plage."
Eridons „Eigensinn" ist sein „eigener Sinn". Eridon kümmert's
nicht, wie andere fühlen. Diesen „eigenen Sinn" hat auch Faust.
Faustens „eigener Sinn" macht Gretchen zum „Lust-Opfer" der
Hölle. Dieser Fausts Eigen-Sinn entstand in der „Hexenküche"
durch Mephistos Feuer, das er in Faustens Brust entfachte vor
dem Zauberspiegel in dem Helena zu sehen war: „Welch ein
himmlisch Bild zeigt sich in diesem Zauberspiegel!" 2430.

Faust gegen den Spiegel: „Weh mir! Ich werde schier verrückt.
2456; Faust: „Mein Busen fängt mir an zu brennen!"2461.
Das ist das „Gefühl und Gewühl" in Faustens Busen. Das
ist Faustens „Sinn", sein „Eigen-Sinn", wie sich später noch
zeigen wird.
In der „WALPURGISNACHT" 4197/4198 sagt Faust:
„Das ist die Brust, die Gretchen mir geboten,
„Das ist der süße Leib, den ich genoß."

Dies führt zum „MACH-HANDEL-BOOM", „KERKER"
UNTER DEM GRETCHEN SINGT:4414/4415:
„Mein Vater, der Schelm
„Der mich gessen hat!"
Die „Neue Kette" endet auch unterm „Mach-Handel Boom".
Sie ist nach Faustens „Sinn" oder doch nach Mephistos Sinn?
= Rätselwort

Außerdem soll sich der Teufel an Gretchens Nachbarin hän-
gen
Faust: 2858: „Häng dich an ihre Nachbarin!"
Das ist Frau Marthe, die Kupplerin, die Gretchen zur „Hexen-
Tochter" macht. Sie erscheint auch unterm „Mach-Handel-
Boom":
Gretchen 4412/4413:
„Meine Mutter, die Hur,
„Die mich umgebracht hat."
Marthe, die Kupplerin, vertritt „Mutter-Stelle" bei Gretchen.

„DER NACHBARINHAUS"

Gretchen kommt nun zur Nachbarin Haus. Gretchen
2875:2876: 2878.
„Da find ich so ein Kästchen wieder

„In meinem Schrein, von Ebenholz."

„Weit reicher als das erste war."

„Ebenholz" deutet auf das Märchen Schneewittchen hin. Schneewittchens Mutter bekam ein Kind, das war so weiß wie Schnee, so rot wie Blut, und so schwarzhaarig wie „Ebenholz". Das Ebenholz kündigt an, daß Gretchen jetzt zum „Schneewittchen" wird, und „geistige" Tochter von Kupplerin Marthe wird. Daher stammt im „KERKER" der Gesang 4413/4414 „Meine Mutter, die Hur, Die mich umgebracht hat."

Marthe: 2880 ff:

„Das (mit dem Kästchen) muß sie nicht der Mutter sagen,

„Tät's wieder gleich zur Beichte tragen.

„Komm du nur oft zu mir herüber

„Und leg den Schmuck hier heimlich an,

„Die Mutter sieht's wohl nicht …"

„Man macht ihr auch was vor."

Sie schauen in den „SPIEGEL"-Dies ist der „geistige Spiegel" von Egle. In „DIE LAUNE … 8. Auftritt", zeigt Egle ihr „geistiges Kind" Amine im Spiegel. Das „schöne Tanzmädchen." Gretchen wird hier durch den Spiegel Marthes „geistiges Kind" Gretchen wird eine „Buhle" von der „Mutter Kupplerin Marthe". Gretchen erklärt Mephisto, daß der Schmuck nicht ihr gehört. Mephisto antwortet 2911: „Sie hat ein Wesen, einen „Blick", so scharf!: Gretchens „scharfer Blick" bezieht sich wohl auf das Gold. „Nach Golde drängt, Am Golde hängt Doch alles. Ach wir Armen! 2804

Mephisto preist noch Faustens Arm an-2947 ff:

„Ist's nicht ein Mann, sei's derweil ein Galan.

„Es ist eine der größten Himmelsgaben,

„So ein lieb Ding im Arm zu haben.

Auch Eridons Arm war von Wichtigkeit in „DIE LAUNE …
im 3. Auftritt erschien Eridons Arm, aber er wurde erst im
8. Auftritt tätig und bildete die „Schleife" der „Paare übers
Kreuz". Auch Faustens Arm bildet im „Garten" die „Schleife",
der „Paare übers Kreuz". Mephisto und Gretchen wünschen
sich „Leb Wohl", also das „Lebe Wohl" vom „Tanz". Nicht das
Wohlleben der Menschen, die „guten Willens" sind.

„STRASSE"
Faust: 3025: „Will's fördern? Will's bald gehn?"
Mephisto:3026 „Ah bravo! Find ich Euch in Feuer?"
Das Feuer bezieht sich auf Faustens „Eigensinn" oder Faustens
„Sinn". Der Teufel sollte das neue Geschmeide nach Faustens
„Sinn" richten. 2857 Egle in „DIE LAUNE DES VERLIEB-
TEN, Auftritt 1": über Eridon:
„Nie war der EIGENSINN bei einem Menschen größer. Und
Amine antwortet:
„Es ist nicht EIGENSINN, der seine Stirne trübt;
„Ein launischer Verdruß ist seines Herzens Plage.
Im 6. Auftritt sagt Amine: „Es zehren heft'ge Flammen am
Herzen …
„Ach, er hält mich zurück!"
Eridons Eigensinn wird zur Flamme zum Feuer, sagt Amine.
Wie Eridons Eigensinn zum Feuer wird, so wird auch Faustens
(Eigen)-Sinn zu „FEUER"?
In der „HEXENKÜCHE" sieht Faust das „schöne Weib" im
Zauberspiegel und sein Busen fängt ihm an zu brennen (2461).
Dieses Feuer schürt Mephisto mit seinem Wedel.

Dann soll die Hexe aus ihrer „Flasche" ein gutes „Gläschen"
geben. Darauf Faust

2573: „Was sagt sie uns für Un-SINN vor?
2574: „Es wird mir gleich der Kopf zerbrechen."
(Die Hexe schenkt den Trank in eine Schale; wie sie Faust an den Mund bringt, entsteht eine leichte „Flamme").Der Hexe „Un-Sinn" wird zur „Flamme" und erweckt in Faust die „Schleife", die Mephisto so beschreibt: 2603/2604:
„Du siehst, mit diesem Trank im Leibe;
„Bald Helenen in jedem Weibe."
Der „Un-Sinn" dieser „Schleife" stammt von der Hexe Unsinn und wird zu Faustens „Sinn".
Faust will Gretchen „ewige Treu und Liebe" schwören vom einzig überallmächtigem Triebe-Faust: 3059 ff:
„Wenn ich empfinde,
Für das Gefühl für das Gewühl
Nach Namen suche, keinen finde,
Dann durch die Welt mit allen Sinnen schweife,
Nach allen höchsten Worten greife,
Und diese Glut von der ich brenne,
unendlich, ewig, ewig nenne
Ist das ein teuflisch Lügenspiel?"

Dieser Faustens „SINN" vom „Gefühl und Gewühl" ist in Wirklichkeit der Hexe „UNSINN".
Faustens „SINN" oder Faustens „EIGEN-SINN" wird zum Thema in „WALD und HÖHLE", UND IM „2. GARTEN von Marthe" macht Faust diesen „Eigen-Sinn" oder „Un-Sinn" der Hexe zur „Religion", und Faust gibt „die Flache" aus der er den „Un-Sinn" der Hexe trank, an
Gretchen für Gretchens Mutter, die in ewigen Schlaf fällt.

„GARTEN"

„Margarete an FAUSTENS Arm. ... Dieser Arm trägt die „Schleife".

In „DIE LAUNE DES VERLIEBTEN" erschien Eridons Arm im 3. Auftritt, aber erst im 8. Auftritt wurde Eridons Arm aktiv. Sein Arm bildete die „Schleife".

Beim 1. Treffen von Faust und Gretchen bot Faust auch seinen Arm an:

„Mein schönes Fräulein, darf ich wagen, – 2605

„Meinen Arm und Geleit Ihr anzutragen. – 2606

Gretchen lehnte ab.

Auch im „FAUST" ist „Faustens Arm" nun mit der „Schleife" verbunden. Die „Schleife" bildet die „Paare übers.Kreuz". Abwechselnd erscheinen die Paare: Margarete und Faust, und der Teufel mit Frau Marthe.

Die Unterhaltung beginnt mit „BLICK" und Wort.

Faust 3079:

„Ein Blick von dir, ein Wort mehr unterhält

„Als alle Weisheiten dieser Welt.

(Er küßt ihre Hand) Der Hand-Kuß leitet die „Stimme der Tücke" ein. (siehe „Die Laune, 8. Auftritt) Gretchens Hand ist garstig, rauh sagt sie, als „gutes Mutter-Kind" hat Gretchen viel schaffen müssen. Es erscheint das 2. Paar Frau Marthe mit dem Teufel und sprechen über Heirat. Dann erscheint wieder Gretchen mit Faust: Gretchen: 3096: „Ja, aus den Augen, aus dem Sinn."

Die Unterhaltung bestand aus: „BLICK, WORT und SINN"

„WORT und SINN" VERBINDET JETZT GRIMMS MÄRCHEN: „Schneewittchen mit „FAUST"

GRETCHEN ERZÄHLT nun, wie sie als gute Mutter-Tochter, als „gutes Schneewittchen" arbeiten mußte; wie sie als „MAGD": „Kochen, fegen stricken, nähn und laufen mußte, und ihre Mutter so akkurat war." -- Diese Worte sind Grimms Märchen: „Schneewittchen" entnommen. Es erscheint das 2. Paar übers Kreuz und Frau Marthe bestätigt Gretchens Aussage: 3149: „Die armen Weiber sind doch übel dran." Gretchen als „gutes Mutterkind" als „Magd" nimmt nicht am Wohl Leben, am „Tanz" teil.

Die Unterhaltung führt nun zum „BLICK" zum „AUGEN-NIEDERSCHLAGEN". Auch das „Augenniederschlagen" erscheint bereits in „DIE LAUNE, 7. Auftritt".
Amine schlägt die Augen nieder, nachdem ihr Egle den „Kranz der Schönheit" wieder aufsetzt. Egle: „Nun bist du schön". (Amine steht mit „niedergeschlagenen Augen" und läßt Egle machen …) Amine ist „schön" als „Hexen-Tochter", als „Tanz-Mädchen."

Die „nieder-geschlagenen Augen" erschienen bereits beim 1. Treffen von Faust und Gretchen: Faust: 2615/2616:
„Wie sie die Augen niederschlägt,
„Hat tief sich in mein Herz geprägt;"
Nun erscheint das Paar „Gretchen und Faust:" 3163/3164:
„Du kanntest mich, o kleiner Engel wieder,
„Gleich als ich in den Garten kam …"
Margarete: 3165: „Saht Ihr es nicht? Ich schlug die Augen nieder,"

Gretchen erklärt nun das „Augen-Niederschlagen":
„Es schien Faust gleich nur anzuwandeln, 3173
„Mit dieser Dirne gradehin zu handeln." 3174
Die Freiheit die Faust nahm, macht Gretchen zur Dirne.

Hier erscheint das Thema: „Mach Handel". Gretchen mit niedergeschlagenen Augen hat Angst eine „Dirne" zu sein. Und Gretchen: 3177/3178:
„Ich war recht bös auf mich,
„Daß ich auf Euch nicht böser werden konnte."
Dieses Thema erscheint im „DOM", wo der „Böse Geist" hinter Gretchen steht und Gretchen sagt:
3794 „Weh! Weh! Wär ich der Gedanken los,
3796 „Die mir herüber und hinüber gehen
„Wider mich!"
Gretchen hat aber keinen „Bösen Geist" und bittet die Nachbarin: 3834: „Euer Fläschchen! -- (Sie fällt in Ohnmacht). Das heißt sie ist „ohne Macht" gegen den „Bösen Geist." Dieses „Ohne Macht" sein verbindet den „DOM" mit dem „KERKER" durch „WORT UND SINN": „ohnmächtig sein".
Soviel zum „BLICK" der zur Unterhaltung gehört.
Faust antwortet darauf: 3179: „SÜSS LIEBCHEN"
Diese Fausts „WORTE" leiten über vom „Guten Mutter-Kind Schneewittchen" zum „ROTKÄPPCHEN", daß der „Böse Wolf" (Faust) fressen will.
„Süß Liebchen" bezieht sich auf „ROTKÄPPCHEN".
„Es war einmal ein kleines, süßes Mädchen, das hatte jedermann lieb, der sie nur ansah ... „ „WORT und SINN": verbindet „GRIMMS Märchen" mit Faust.

Auch dieses Thema: „vom kleinen, süßen Mädchen, daß jedermann lieb hatte, der sie nur ansah" erscheint im „FAUST".
Bruder Valentin: 3736/3739: sagt dies; als er von der „Hur" Gretchen spricht:
„Du fingst mit einem heimlich an,
„Bald kommen ihrer mehre dran,
„Und wenn dich erst ein Dutzend hat,
„So hat dich auch die ganze Stadt."

Es folgt das Thema: „WORT und SINN" verbunden mit
der „STERNBLUME". GRETCHEN PFLÜCKT EINE
„STERNBLUME" und zupft die Blätter ab, eines nach dem
andern. Dies ist das „Kinderspiel mit der Liebe"
„Er liebt mich -- nicht -- er liebt mich …"
Faust und „WORT und SINN": 3184/3185:
„Ja, mein Kind! Laß dieses „Blumen-w o r t
„Dir Götterausspruch sein. Er liebt dich!"
sagt Faust der böse Wolf, Der das „ROTKÄPPCHEN" fressen
will. (Er faßt ihre beiden Hände) 3187-3192:
„Laß diesen Blick, laß diesen Händedruck dir sagen,
„Was unaussprechlich ist: Sich hinzugeben ganz und eine
Wonne „zu fühlen, die ewig sein muß!"
Dieses Thema vom „BLICK und HÄNDEDRUCK" erscheint
bereits in „DIE LAUNE, 5. Auftritt" und bedeutet Eridons
Glück, aber nicht Aminens: Eridon: „Ich fühl mein zärtlich
Herz von Wonne hoch entzückt wenn mir dein Auge lacht,
wenn deine Hand mich drückt. Ich dank den Göttern, die
mir dieses Glücke gaben. Doch ich verlang's allein, kein andrer
soll es haben." Dies ist Eridons „eigener Sinn" oder Eridons
„EIGENSINN". Ihn kümmert Amines „Glück" nicht.
So muß man auch Faustens „Glück" hier sehen.
Glück und Blick und Händedruck, und Wonne des Herzens,
die ewig sein muß: ist bei Eridon wie auch bei Faust: „EIGEN-
SINN"
(Margarete drückt ihm die Hände und läuft weg.)
„Blick und Wort" der Unterhaltung sind erledigt.
Es folgt der „KUSS".
Im Gartenhäuschen küßt Faust das Gretchen. Sie gibt ihm
den Kuß zurück. „Bester Mann! Von Herzen lieb ich dich!"
3206 Das
„Heldenband" von „DORNRÖSCHEN" ist „BLICK UND
KUSS", so ist es auch bei Amine und Eridon, und bei Gretchen

und Faust. Gretchens „Helden-Band" erscheint in „GRET-
CHENS STUBE" am Spinnrade" Gretchen und Faust wün-
schen sich noch:"Lebt Wohl!". Es ist das „Wohl-Leben" vom
„Tanz".
Gretchen wundert sich noch was so ein Mann nicht alles den-
ken kann,

„WALD UND HÖHLE"
Faust sagte über das „Denken" zu Mephisto: 1748 ff.:
„Des Denkens Faden ist zerrissen,
„Mir ekelt lang vor allem Wissen.
„Laß in den Tiefen der Sinnlichkeit
„Uns glühende Leidenschaften stillen."
Die „glühende Leidenschaft" ist nun das Thema von „Wald und
Höhle", und das bringt jetzt Fausten zum „DENKEN".
Faust ruft den „Erhabenen Geist" an: 3232-3234:
„Erhabener Geist, du gabst mir, gabst mir alles, …
„Dann führst du mich zur sichern Höhle, zeigst
„Mich dann mir selbst, und meiner eignen Brust
„Geheime tiefe Wunder öffnen sich."

Faust blickt in sich hinein und sieht seinen „eigenen Sinn" oder
seinen „Eigensinn", seinen „EIGEN-SINN". seinen „Willen"
So sagte er auch zu Mephisto über die „neue Kette" Richt's
nach meinem SINN. (2858)
Faustens Augen gucken in
Faustens „eigene Brust
und sehen die „Glut" ein
„wildes Feuer", daß der Gefährte in meiner Brust anfacht nach
jenem „schönen Bild". Faust: 3249/3250:
„So tauml ich von Begierde zu Genuß
„Und im Genuß verschmacht ich nach Begierde."
Faustens Augen sehen in Faustens Brust das „wilde Feuer", das

Mephisto in der „HEXENKÜCHE" vor dem „SPIEGEL" mit Helenen anzündete, das verband sich mit dem „UNSINN" der Hexe. Dies wird nun Faustens „Eigensinn", Faustens Wille, Faustens „Sinn". Und diese „Brust" mit dem „Wilden Feuer" wird er Gretchen im „GARTEN" anbieten:

3503-3504: „Ach, kann ich nie ein Stündchen ruhig dir am Busen hängen,

„Und Brust an Brust und Seel in Seele drängen?"

Faust weiter 3360/3361:

„Sie, Ihren Frieden mußt ich untergraben!

„Du, Hölle, mußtest dieses „Opfer" haben!"

Gretchen wird zum „LUSTOPFER" der Hölle. (siehe „KERKER).

Es folgt Gretchen „Heldenband". „Meine Ruhe ist hin, Mein Herz ist schwer

„GRETCHENS STUBE"

Gretchen am Spinnrade allein:

Das Spinnrad erinnert an „DORNRÖSCHEN", Grimms Märchen:

Das „Helden-Band" in „Dornröschen" ist der „BLICK" und der KUSS, WIE AUCH IN GOETHES WERKEN, z.B. in „DIE LAUNE" und auch in „FAUST". Gretchens „Goldne Kette" verursacht: 3374/3375:

„Meine Ruh ist hin, Mein Herz ist schwer"

Gretchen bewundert Faustens: „Seiner Augen Gewalt," 3397

Das ist der „Blick" der Macht oder Gewalt, oder „Blick vom Eigensinn"

sowie seinen „Händedruck": 3400, und ach, seinen Kuß! 3401

Der „Kuß" gehört zum „Kuß-Halte-Band" das erst im „KERKER" ENDET: SEIN „BLICK VOM EIGENSINN", seiner

„Augen Gewalt" erscheinen bereits im folgenden Kapitel, in „MARTHES 2. GARTEN".

„MARTHENS GARTEN"
Die erste Unterhaltung in Marthens Garten endete mit:
„Was so ein Mann nicht alles, alles denken kann. „
„Es handelte sich um „Wort und Sinn".
Nun fragt Gretchen: „Heinrich! Nun sag, wie hast du's mit der Religion? Sie leitet nochmals über zu „Wort und Sinn" (oder Wort und Eigensinn)
Faust antwortet: „Laß das, mein Kind!"
Es folgt der „BLICK" der Augen der Gewalt: 3446 ff:
„schau ich nicht Aug in Auge dir,
„Und drängt nicht alles nach Haupt und Herzen dir…"
„Und wenn du ganz in dem Gefühle selig bist,
„Nenn es dann, wie du willst
„Nenn's Glück! Herz! Liebe! Gott!"
Dies ist das „Gefühl und Gewühl" aus der „HEXENKÜCHE" und der „Unsinn" den die Hexe spricht. Der „Unsinn" der Faustens „Eigen-SINN" geworden ist, als Faust das „Gläschen aus der Flasche „ trinkt Faust: 3456: „Gefühl ist alles; 3458: „Umnebelnd Himmelsglut." Faustens „Augen der Gewalt" machen Gretchens „Kopf verrückt und Sinn zerstückt". Und in der „WALPURGISNACHT" erkennt Faust was seine „Augen der Gewalt" angerichtet haben. Faust über Gretchens Augen:
„Fürwahr, es sind die Augen einer Toten, … (4195)
„Die eine liebende Hand nicht schloß. (4196).
Faustens „BLICK und Händedruck und Herz" sein „Glück" ist dort beendet.

Gretchen spricht nun gegen Mephisto: „Der Mensch, den du da bei dir hast, Ist mir in tiefster Seele verhaßt;" 3472/73".

Dann geht sie über zu Faustens „ARM": „Mir wird so wohl in Deinem Arm": 3491:

aber wenn Mephisto hinzu kommt, meint Gretchen sogar: „Ich liebte dich nicht mehr"-3497

Es handelt sich hier um die „Schleife" an Faustens „Arm":

Die „Schleife" ist der „Unsinn" den die Hexe redete, als sie die „Flasche" für Faustens Trank zubereitete. Diesen „Unsinn" gibt Faust als seinen „Sinn" oder seine „Religion" aus.

Die „Schleife" ist die „Stimme der Tücke" der Hexe und Mephistos Rede:

„Du siehst mit diesem Trank im Leibe,

„Bald Helenen in jedem Weibe."

Faust sieht also jetzt in Gretchen eine „Buhle", und die „Schleife" umfaßt „Arm und Brust". Faust möchte ein Stündchen an Gretchens Busen hängen „Und Brust an Brust und Seel in Seele drängen?": 3504 Gretchen ließ gern den „Riegel offen" (Dies ist das moralische Lied von Frosch in Auerbachs Keller). Und Faust gibt Gretchen ein „Fläschchen" für die Mutter zum „tiefen Schlaf" 3511

„Wer den „Geist" aus der Flasche läßt, dem wird der Hals gebrochen," sagt der „Geist im Glas". Wer ist also der „Schuldige", der den Teufel „losläßt"?

Ist es Faust? Ist es Gretchen?

Gretchen sagt: 3518: „Weiß nicht, was mich nach deinem Willen treibt"; Es ist Gretchens „Goldene Kette", die sie nach Faustens Willen treibt.

(Gretchen geht …)

Wir haben „Arm und Schleife" und „Brust" für den „Tanz".

Es folgt noch der „TRITT" für den „Tanz".

Mephisto tritt auf und sagt: „Der Grasaff! ist er weg?" 3521

„GRASAFF" bezieht sich auf „DIE LAUNE, 1. Auftritt"

Egle sagt zu Amine: „Kein Wunder, daß Eridon dich bei keinem Feste leidet, da er der Wiese Gras um deine Tritte neidet."

Gretchen als „GRASAFF" zeigt jetzt ihre „Tritte" beim Tanz auf der „Wiese Gras". Das Thema ist: Faust wird Gretchen zum ,Tanz' verführen. Mephisto sagt: „Nun, heute nacht? --- Hab ich doch meine Freude dran!' Und Gretchen im Kerker sagt: 4585/86:

„Wir werden uns wiedersehn; aber nicht beim Tanze."

Die „Kunst-Stil-Merkmale" vom „TANZ" sind „bewegte Brust" und „Tritt", also „Herz" und „Fuß", diese „Merkmale" erscheinen wieder im „ZWINGER". „Wer fühlet, wie wühlet der Schmerz mir im Gebein? Was mein armes Herz „hier banget …"

„AM BRUNNEN"

Es wurde das „geistige Band" von Gretchen und Faust gezeigt:

die „Goldene Kette; sie sollte „Wohl Leben und Ehre" bringen. Gretchen sah in Faust den „Herrn aus edlem Haus" (2681) und durch die Kette konnte Gretchen „als Edelfrau am höchsten Feier-Tage gehn" (2792) Gretchen sollte die 1.Jungfrau beim Tanz werden. Nun hört sie von Lieschen, daß es „Ehrlos" ist Geschenke anzunehmen. Die „Goldene Kette" ist ein Geschenk; ein „Unrecht Gut" wie's die Mutter nennt.

Der „flinke Jung", Hans Liederlich (Faust) begehrt jede „Blume" für sich (2629), und es soll ihm Ehre bringen, die Blume zu pflücken Aber jetzt heißt es durch das „Gekos und Geschleck" ist denn auch das „Blümchen" weg! (356e).

Gretchen meint, er nimmt sie gewiß zu seiner Frau, aber Lieschen: 3571/72: „Er wär ein Narr! Ein flinker Jung hat anderwärts noch Luft genug. Er ist auch fort." Lieschen weiter:

3574-3576: „Das Kränzel reißen die Buben ihr und Häckerling streuen wir vor die Tür Die Ehre wird ihr genommen. „

In „DIE LAUNE … 3. Auftritt" gebraucht Amine Eridons „Blumen" für jene Kränze fürs Fest. Eridon: „Dazu! Wie wirst du glänzen! Lieb in der Jüngling Herz, und bei den Mädchen Neid erregen!" Eridon will nicht, daß Amine als 1. Jungfrau „Ehre" beim Fest erhält. Er will die Ehre nicht mit Amine teilen. Er will nicht, daß seine Blumen für die Kränze benutzt werden. Auch hier „Am Brunnen" wird das „geistige Band" der „Ehre" nicht geteilt mit der 1. Jungfrau als „Mutter". Gretchen findet das nicht schön. Sie benutzt das 3-malige „schwarz"!: 3541/3542:

„Wie schien mir's schwarz und schwärzt's noch gar

„Mir's immer doch nicht schwarz genug war.

„Und segnet mich und tat so groß, und bin nun selbst der Sünde bloß."

Die „Goldene Kette bringt „Lust" für Faust und für Gretchen die Sünde. Es gibt wieder „WORT und SINN", das Kunst-Merkmal" das den Zusammenhang herstellt.

Gretchen: „Weiß nicht, was mich nach deinem Willen treibt; 3518" und jetzt „Was dazu mich „trieb"-zur Sünde-Gott war so gut! 3585

„ach war so lieb!" Die „Gold-Kette treibt Gretchen zu „Faustens Willen" zum Eigen-Sinn, und sie trieb zur Sünde.

Gretchens Mutter wollte die „Gold-Kette" der Mutter Gottes weihen. Nun kommt Gretchen als „Sünderin" zur Mater Dolorossa.

„ZWINGER"

Gretchen steckt „frische Blumen" in die Krüge, dies bedeutet, Gretchen sucht einen „frischen, neuen Blick". Sie spricht zur Mater Dolorosa", die zum Sohne und Vater blickt.
3596: „Wer fühlet, wie wühlet der Schmerz mir im Gebein?
"
3599: „Was mein armes Herz hier banget,"...
Faustens „Augen der Gewalt" schauten „Aug in Aug" mit Gretchens Augen (3446) und verursachten das „Gefühl und Gewühl" das schließlich zum „TANZ" führt, mit dem „Kunst-Stil-Merkmal": Herz und Fuß. Gretchen war wie ROTKÄPP-CHEN vom „guten Mutter-Weg" abgekommen und mit Faust zum TANZ gegangen, so daß „Herz" und „Bein" schmerzen.

Die „Scherben vor meinem Fenster" Betaut ich mit Tränen, ach!: 3608/09 deuten auf das „zerbrochene Fenster" hin. Dies führt zurück zu „AUERBACHS KELLER" wo „Frosch" das „moralische" Lied singt: 2105 ff:
„Grüß mir mein Liebchenzehntausendmal,
„RIEGEL AUF"! Siebel antwortet: 3117/3118:
„Ich will von keinem Gruße wissen,
„Als ihr das Fenster eingeschmissen!"
Mit diesem Lied beginnt das „falsche Augenband":
Brander faßt Siebel bei der NASE
Die andern taten es wechselweise und holen die „MESSER".
„Hand, Nase und Messer" stellen das „falsche Augenband" dar:
Das „Augen-Band" wird in „AUERBACHS KELLER" zum „Nasen-Band".

Mephisto (2320) „Irrtum", laß los der „Augen-Band".
Diese „Blumen" (verbunden mit den Scherben der Fenster)

brach Gretchen, und diese Blumen sind verbunden mit dem „Augen-Band". Fausts „Augen der Gewalt" haben Gretchens Kopf verrückt und Sinn zerstückt. Gretchen bittet die Mater Dolorosa um einen „Frischen Blick", um den „Retter-Blick" (3616) „Hilf! Rette mich vor Schmach und Tod!" Am Ende vom „KERKER" ertönt Gretchens Hilfe-Ruf (4607) „Dein bin ich Vater! Rette mich".

In „NACHT" setzt sich das „falsche Augen-Band" fort, als „Nasen-Band". Bis schließlich in der „WALPURGISNACHT" das gute Gretchen dem Faust erscheint: mit den „Augen einer Toten" (4195).

Faust und Bruder Valentin benutzen beide bei ihrem „Zweikampf das NASEN-BAND".

„NACHT"
„STRASSE" vor Gretchens Türe, Valentin, Soldat, Gretchens Bruder

Als erstes spricht Valentin über die „EHRE", die ihm durch seine Schwester zukommt: 3629 ff „Und kriege das volle Glas zur Hand, Aber ist eine im ganzen Land, die meiner trauten Gretel gleicht, Die meiner Schwester das Wasser reicht?" DIESE LOBREDE auf Gretchen wird nun zum „NASERÜMPFEN", zum „NASEN-BAND" von „Hand, Glas, Nase und Messer": also zum „Falschen Augen-Band", wie schon bekannt aus „AUERBACHS KELLER":

Das „Nasen-Band" bezieht sich auf den „Bösen Geist im Glas".

Hier ist der „Böse Geist" = die „Ehre", die dem Mann zusteht beim Tanz. Schon in „DIE LAUNE DES VERLIEBTEN" WOLLTE ERIDON (DER NAME BEDEUTET „HERR DER EHRE") die Ehre beim Tanz nicht mit Amine teilen.

Der Tanz bringt keine „Ehre" für die Frau, und der Tanz bringt keine „Lust" für die Frau (außer sie ist eine Buhle).

Die „GOLDENE KETTE" ist 2-deutig: sie bedeutet „Lust" für Faust, und bedeutet „Ehre" für Valentin (3756/57), (Valentin über die Goldkette) und sie bedeutet Mephistos „LIST" für Gretchen. Gretchen wird durch die „Goldene Kette" ein „Opfer der Hölle".

Es erscheinen Faust und Mephisto: Faustens Busen ist nächtig, während Mephisto sich wie das „Kätzlein" fühlt, also „Voller List"; und sich auf die „WALPURGISNACHT" freut. Die „Walpurgisnacht" soll ja laut „Prolog" für Mephisto die Erfüllung seiner Wünsche bringen, nämlich Faust zur Strecke zu bringen. „Prolog" es ist die „Wette" mit dem Herrn:(312) „Was wettet Ihr? Den sollt Ihr noch verliere,..." und weiter (322) „Mir geht es, wie der Katze mit der Maus."

Also Mephisto will Faust in der „Walpurgisnacht" vom Herrn abziehn.

Jetzt wünscht sich Faust ein „Geschenk für seine liebe Buhle", und Mephisto sah so ein Ding, „wie eine Art von Perlenschnüren". Statt der „Goldenen Kette" wird es nun eine „Perlen-Kette": Die „Perlen-Kette" bedeutet „Tränen". (Herz und Auge weinen).

In der „Walpurgisnacht wird die „Perlen-Kette" zum „roten Schnürchen" nicht breiter als ein „Messer-Rücken". (4204/05).

Die „Goldene Kette" wird zur „Henker-Kette".

Das „Nasen-Band" daß ein „Falsches Augen-Band" ist besteht aus:

„Hand, Glas, Nase und Messer". Mephisto führte es in „Auerbachs Keller" ein.

Faust wollte mit der Perlen-Kette Gretchen bezahlen für die „Lust", die er bei ihr beim Tanze fand, zahlen, d.h. „MACH HANDEL". Das Thema: „Mach Handel" befindet sich unterm „MACH-HANDEL-BAUM" IM „KERKER". Mephisto singt ein „moralisch Lied" von „Liebchens Tür" (3688) „Als Mädchen ein, Als Mädchen nicht zurücke". Und es folgt der 2-Kampf zwischen Faust und Valentin. Mephisto zu Faust: „STOSS ZU!, und Valentin fällt. O weh!

Hier haben wir wieder „WORT UND SINN", wodurch eine „Struktur" erreicht wird. In „Auerbachs Keller" sagt Siebel (2312) „STOSST ZU" und daraufhin erklärt Mephisto sein „NASEN-BAND". Wenn Mephisto hier zu Faust sagt: „STOSS ZU" dann heißt das, auch Faust gehört jetzt zum „NASEN-BAND" durch das „Stoß zu". (Wort und Sinn).

Bevor Valentin stirbt gibt er noch eine Erklärung über die „Goldene Kette" ab. Valentin zu den Weibern: 3725/3725:
„Kommt her und hört mich an!
„Mein Gretchen sieh! Du bist noch jung,
„HÖREN und SEHEN" ERSCHEINT HIER, DAS MERKMAL für die „STIMME VOM LICHT"! (Aber es ist das Gegenteil von der „Stimme vom Licht", es ist die „Stimme der Tücke", denn Bruder Valentin gehört zum „NASEN-BAND".)
Und das Resultat: von" Sehen und Hören":
„Du bist doch nun einmal eine Hur"; (3730).

Anschließend folgt das Zeichen für die „Kette" = Herz und Augen.
3754 „Dir soll das „Herz" im Leib versagen,
3755 „Wenn sie dir in die Augen sehn!"
3756 „Sollst keine „Goldne Kette" mehr tragen!
3757 „In der Kirche nicht mehr am Altar stehn!
Für Bruder Valentin bedeutet die „Goldene Kette" nicht die

Kette einer „Buhle" sondern „Ehre". Und Valentin 3772/3773: zu Gretchen:

„Da du dich sprachst der Ehre los,

„Gabst mir den schwersten Herzensstoß."

Valentins „Schuld-Anklage" an Gretchen kommt vom „Bösen Geist" aus dem „Glas", das Valentin zur Hand kriegt (3629). Im „DOM" steht dieser „Böse Geist" hinter Gretchen, als Gedanken „Wider mich" (3797) und Gretchen bittet die Nachbarin! „Euer Fläschchen" (Sie fällt in Ohnmacht). Hier handelt es sich wieder um „WORT UND SINN" Struktur. Gretchen ist „ohne Macht" gegen den „Bösen Geist". Durch die „ohne Macht" wird der „DOM" mit dem „KERKER" verbunden „Wer hat dir, Henker, diese „Macht" über mich gegeben! (4427)

„Der Henker" ist der „Böse Geist" und Gretchen ist „ohnmächtig" gegen ihn.

„WALPURGISNACHT"

Wie schon im „PROLOG im HIMMEL" angekündigt „wettet" Mephisto mit dem Herrn, Faust „seine Strasse" sacht zu führen (314). „Seine Strasse" ist des Teufels Strasse von Katz und Maus: Mephisto bietet Faust die Maus an, als Fetten Bissen". Mit der Maus will Mephisto Faust fangen und so vom „Herrn" abtrünnig machen.

„Tanz und Lust" ist Mephistos Strasse von" Katz und Maus".

In der „HEXENKÜCHE" gab die Hexe mit ihrem Trank aus der Flasche und dem „Glas" Fausten die „Schleife" von den „Paaren übers Kreuz". Mephisto drückte dies in Worten aus: 2603/2604

„Du siehst mit diesem Trank im Leibe, Bald Helenen in jedem Weibe." Das „Paar übers Kreuz" und die „Schleife" ist hier" Faust und Lilith".

Faust und Mephisto sind bei „Tanz und Lust", als Faust plötzlich aus dem Tanze tritt. Mephisto 4176:" Was lässest du das schöne Mädchen fahren 4177 „Das dir zum Tanz so lieblich sang?

Faust 4178/4179: „Ach! mitten im Gesang sprang ein rotes Mäuschen ihr aus dem Munde." (Die Maus ist der Fette Bissen, den Faust beim Tanz bekommt.). Aber Faust löst die „Schleife" auf vom „Paar übers Kreuz". Er verläßt Lilith (die Hexen-Tochter) und sieht plötzlich Gretchen, und empfindet „Mitgefühl" für Gretchen. Faust 4184 ff: zu Mephisto: „Mephisto siehst du dort ein blasses, schönes Kind allein und ferne stehn?" Sie scheint mit geschlossenen Füßen zu gehn, Ich muß bekennen … „Daß sie dem guten Gretchen gleicht. „

Faust erinnert sich an Gretchen, mit der er vorher beim „TANZ" war und das „GLÜCK" mit ihr erlebte, das „Glück" von: Augen, Hände-Druck, und „Wonne im Herzen". Das „Glück", das auch schon Eridon für Amine empfand: Dieses „Glück" ist nun vorbei. Denn Faust 4195 ff: „Fürwahr, es sind die AUGEN einer Toten.

„Die eine liebende Hand nicht schloß.

„Das ist die Brust, die Gretchen mir geboten,

„Das ist der süße Leib, den ich genoß." und Faust weiter: 4021:

„Welch eine Wonne! Welch ein Leiden! Ich kann von diesem Blick nicht „Scheiden". Wie sonderbar muß diesen schönen Hals ein einzig rotes „Schnürchen schmücken." Das „rote Schnürchen" ist die „Goldene Kette", die zur „Henkers-Kette" wird, „Henker" verbindet mit „KERKER" Der „süße Leib, den Faust genoß", verbindet mit dem „Mach-Handel-Boom": „Mein Vater, der mich gessen hat!"

Die Augen sind tot, weil es kein „Augen-Band" mehr gibt.

„KERKER"

„Der Menschheit ganzer Jammer faßt mich an. 4406 sagt Faust und drückt dadurch sein. „Mitgefühl" aus. (Es singt inwendig.)

4412/13: „Meine Mutter. die Hur, Die mich umgebracht hat!

Damit ist Marthe gemeint, die Kupplerin.

4414/15: „Mein Vater, der Schelm, der mich gessen hat!

4021: Das ist der süße Leib, den Faust genoß.

4416-18 „Mein Schwesterlein klein Hub auf die Bein, an einem kühlen Ort; das ist das „Mutter-Herz", das unterm Machhandel-Baum begraben liegt. die Bedeutung ist, daß „Bein und Herz" den Mutter-Weg" gehen; und nicht zum Tanz.

4419/20 „Da ward ich ein schönes Waldvögelein; Fliege fort, fliege fort.

„Gretchen wäre frei".

Die Bedeutung vom „MACHANDEL-BOOM" ist „Mach-Handel":

Dieser enthält Themen, wie z.B. den Tanz, den man einhandelt gegen den „guten Mutterweg". Wie ROTKÄPPCHEN am Ende sagt: „Du willst dein Lebtag nicht wieder allein vom Wege ab in den Wald laufen, wenn dir's die Mutter verboten hat."

In „DIE LAUNE …"1. Auftritt erscheint der „Baum mit dem Tanz" und Egle sagte zu Amine: „Wie pochte deine Brust, wenn man vom Tanze sprach, aber Eridon leidete Amine nicht beim Tanz; da er (Eridon) der Wiese Grass um deine Tritte neidet, den Vogel den du liebst, als Nebenbuhler haßt. Im „FAUST", 2. Garten sagt Mephisto: 3521: Der GRASAFF" ist er weg?"' Dies bezieht sich auf Gretchen, und „Grasaff" bezieht sich auf das „Nachahmen vom „TRITT AUF DER WIESE GRAS", also vom „TANZ". Der „Tanz" wird gegen den „guten Mutterweg" eingehandelt. In „DIE LAUNE, 6. Auftritt sagt Amine:

„Es hüpft mein Herz, mein Fuß will fort. Ich will (zum Tanz).

Anders ist es bei Gretchen im Zwinger 3596 ff:

„Wer fühlet, wie wühlet der Schmerz mir im Gebein, was mein armes „Herz" hier banget ... Nach dem „Tanz" schmerzt „Herz" und Fuß. Und durch die „KETTE" handelt Gretchen auch noch ihren „Willen" ein. Der „Handel" bezieht sich auf den „Mach-Handel-Boom" durch den Mutter-Weg, der gegen den Tanz eingehandelt wurde durch Faustens „Flasche", die er Gretchen gab, und Gretchen sagt: „Weiß nicht was mich nach deinem Willen treibt" (3518). Es ist die „Goldene Kette" die treibt. Es ist ein „Handel" den eigentlich Mephisto treibt. Er will Gretchen als „Opfer der Hölle". „WALD UND HÖHLE": Faust: 3361 „Du Hölle mußtest dieses Opfer haben. Und auch Faust macht diesen „Handel" mit.

Text von GRIMMS-Märchen: „MACHANDELBOOM" = „MACH-HANDEL-BAUM".

„Meine Mutter, der mich schlacht;

„Mein Vater, der mich aß,

„Mein Schwester, der Marlenichen,

„Sucht alle meine Benichen,

„Bind't sie in ein seiden Tuch

„Legt's unter den „Machandelboom."

Benichen Lütte werden zum „Machandelboom" getragen, zum Mutter-Grab, zum Herzen der Mutter. Das ist der Weg zur Mutter und nicht der Weg vom „Grasaff" zum „Tanz",

„Kywitt, Kywitt

„Wat vor'n schöön Vagel bün ik!

„Ne, secht de Vagel, twemal sing ik nich umsünst,

„Gif my de „gollne keete", so will ik dy't nochmal singen." --

Der Vogel bekommt die „Goldene Kette", wirft sie dem Vater um den Hals. (Dem Vater der mich aß) (Die goldene Kette der Gier).

Die „Goldene Kette" erscheint nochmals in „GRIMMS-Märchen" in „Die Nelke". Die „Goldene Kette" ist Mephistos List. Sie bedeutet für verschiedene Leute Verschiedenes Hier ist die Bedeutung zum Tanz gehen. Gold bedeutet auch „WOHLLEBEN". Gretchen sagt zu Faust am Ende vom „KERKER" 4585 „wir werden uns wiedersehn; aber nicht beim Tanze."

Gretchen ist in der „Macht vom „Bösen Geist". Im 2. Garten erhielt Gretchen die „Flasche" von Faust mit den 3 Tropfen für die Mutter. In der „Flasche" aber sitzt der „Böse Geist", der „Geist im Glas" der Henker. Im „DOM" stand der „Böse Geist" hinter Gretchen und gab ihr die Schuld, gab ihr die Gedanken wider sich, so daß sie zum Schluß in „OHNMACHT" fiel, „OHNMÄCHTIG" wurde dem Bösen Geist gegenüber; und von der Nachbarin das „Fläschchen" erbat gegen den „Bösen Geist". Gretchen; 3833; „Nachbarin! Euer Fläschchen!"

Hier haben wir wieder ein Beispiel von „WORT und SINN" und den strukturellen Zusammenhang.

Die „Macht des Henkers" verbindet den „DOM" mit dem „KERKER". Gretchens „OHNMACHT" gegenüber der „MACHT des HENKERS" erscheint hier nochmals: Gretchen zu Faust: 4427:

„Wer hat dir Henker diese „MACHT" über mich gegeben!

Gretchen war „ohne Macht" gegenüber den Anschuldigungen vom „Bösen Geist" im „DOM". „DOM UND KERKER" werden durch „WORT UND SINN" verbunden.

Gretchen erkennt Faust nicht. Sie sieht nur den „Bösen Geist"
in ihm. Gretchen: 4442 ff:
„Ich bin nun ganz in deiner „Macht".
„Laß mich nur erst das Kind noch tränken."
„Ich herzt es diese ganze Nacht;"
Faust (wirft sich nieder) „Ein Liebender liegt dir zu Füßen;
4452/4453
„Die Jammerknechtschaft aufzuschließen."
Margarete (wirft sich zu ihm)."O laß uns knien, die Heil'gen
anzurufen!"
Strukturell gesprochen ist jetzt keine Kette mehr zwischen den
beiden. Denn zu Anfang-ehe die Goldene Kette kam hieß es:
2727/2728 „Der große Hans, ach wie so klein! Läg hinge-
schmolzen ihr zu Füßen!" Erst die „Goldene Kette" machte
Faust zum „großen Herrn", dessen Willen Gretchen ausführte,
wodurch ihr „Kopf" verrückt wurde und ihr Sinn zerstückt.
Gretchen hört des „Freundes Stimme."
(Sie springt auf, die Ketten fallen ab)

Auch in „DIE LAUNE … 3. Auftritt erscheint das „Kunst-
Stil-Element":
„Laß mich zu deinen Füßen. Eridon sagt, es bedeutet „Verehrung". Eridon: „Großmüt'ges, bestes Herz laß mich zu deinen
Füßen." Auch im 5. Auftritt fällt Eridon vor Amine nieder,
und im „Letzten Auftritt" fällt Eridon vor Amine nieder mit
den Worten: „Amine! Liebstes Leben!"

Gretchen erkennt den süßen, den liebenden TON: 4469.
Der liebende Ton steht nun im Gegensatz zum „TON DER
TÜCKE" in „DIE LAUNE", wo der „Ton der Tücke" zum
„Verräter-Kuß" wurde und schließlich zur „Goldenen Kette"
im Märchen: „DIE NELKE".

Jetzt wo die „Ketten" gefallen sind, will Faust Gretchen mit in die Freiheit nehmen. Als 1. Rettungs-Band" erscheint das „Kuß-Halte-Band". 4484-4493: „Wie? Du kannst nicht mehr küssen? Küsse mich! „Sonst Küß ich dich. „O weh! Deine Lippen sind kalt ... Sind stumm." Das „Kuß-Halte-Band" von Gretchen „Spinnrad" ist zu Ende, und kann sie nicht mehr retten. Bei „DORNRÖSCHEN" wie auch bei Gretchen, gab es ein „Helden-Band" von „Kuß und Blick". Das ist beides nun zu Ende. Gretchen ist sich nicht mehr sicher, ob Faust wirklich Faust ist: 4501-4505: „Und bist du's denn? Und bist du's auch gewiß?" „Und weißt du denn mein Freund, wen du befreist" Sie zählt ihre Schuld auf, und nun folgt ein „NEUS BLICK-BAND". Gretchen: 4535: „Und doch bist du's und blickst so gut, so fromm:" Es gibt ein „neues Heldenband" mit einem „neuen Blick-Band".

„TRÜBER TAG"

beginnt mit im „ELEND ... gefangen". Faust bezichtigt Mephisto, daß er den Jammer verbirgt, in dem Gretchen gefangen sitzt. Mephisto antwortet, „Sie ist die erste nicht". Faust spricht dann von den „Augen des ewig Verzeihenden! „ und „Mir wühlt es Mark und Leben durch, „Das Elend dieser Einzigen-du grinsest gelassen über das Schicksal „Von Tausenden hin!" Hier zeigt Faust „Mitgefühl" für Gretchen.

Dann kommt er zum „KERKER" und der Menschheit ganzer Jammer faßt ihn an: Faust fühlt „Mitleid" und die „Augen des ewig machen ihn „gut und fromm". Machen seinen „Blick" gut und fromm, zum Unterschied von „Gretchens Stube", am Spinnrade: 3397: wo Gretchen „SEINER AUGEN GEWALT" bewundert.

Der „neue, Frische Blick" verlangt auch einen „Neuen, frischen „WILLEN"

Gretchen: 4542/43: „Du gehst nun fort? O Heinrich könnt ich mit!"

Faust: „Du kannst! So wolle nur! Die Tür steht offen."

Als die „1. Goldene Kette" weg war sagte Mephisto über Gretchen: 2850: „Weiß weder, was sie will noch soll." Jetzt weiß Gretchen was sie will, als Faust sie hinwegtragen will: Gretchen 4574: „Laß mich! Nein, ich leide keine Gewalt!"

Sie gibt dem „Henker" keine Macht mehr über sich, fühlt keine „OHNMACHT"

Sie spricht vom „Blutstuhl und Henker": 4593-4595:

„Schon zuckt nach jedem Nacken, Die Schärfe die nach meinem zuckt

„Stumm liegt die Welt wie das Grab!"

Faust: 4595: „O wär ich nie geboren!"

Gretchen und der neue, frische Wille: Es erscheint Mephisto: Gretchen: 4603/4604: „Was will der am heiligen Ort? Er will mich!" Er will Gretchen „Das Opfer der Hölle".

Am Anfang fragte Faust den Mephisto: 1327 ff: „Wie nennst du dich?" Mephisto: „Die Frage scheint mir klein, für einen der das WORT so sehr verachtet, Der, weit entfernt von allem Schein, Nur in der Wesen Tiefe trachtet ... Dann stellt sich Mephisto vor: 1335 ff: Er ist „Ein Teil von jener Kraft, die stets das Böse will, und stets das Gute schafft." Faust: 1337: „Was ist mit diesem „RATSELWORT gemeint".

Jetzt im „Kerker" wird das „Rätselwort gelöst".

Gretchen wird durch Mephisto zu Gott getrieben. Der Böse will Gretchen aber er „treibt" sie zu Gott, das ist das Gute.

Gretchen: 4605 „Gericht Gotte! Dir hab ich mich übergeben!

4607 „Dein bin ich, Vater! Rette mich!"

Stimme von oben; „Ist gerettet!" Der neue Wille vom Blick „DEIN WILLE GESCHEHE!"

DAS THEMA „RETTER-BLICK" erschien bereits im „ZWINGER".
„Ach neige, du Schmerzensreiche Dein Antlitz gnädig meiner Not! „Zum Vater blickst du, … Hilf rette mich von Schmach und Tod!"

In „FAUST II, 4.Akt, 10058 erscheint Faust ein „entzückend Bild,
„Als jugenderstes, längstentbehrtes höchstes Gut?
„Des tiefsten Herzens frühste Schätze quellen auf;
„Aurorens Liebe, leichten Schwung bezeichnet's mir,
„Den schnell empfundenen, ersten, kaum verstandenen Blick,
„Der, festgehalten, überglänzte jeden Schatz.
„Wie Seelenschönheit steigert sich die holde Form,
„Löst sich nicht auf, erhebt sich in den Äther hin
„Und zieht das Beste meines Innern mit sich fort."

Dieser „BLICK" GRETCHENS, sind Gretchens Augen, die in Faustens Herz hinein leuchten. Sie sind die „Stimme vom Licht".

Dieser „Blick der Augen" Gretchens führt dann zum „RETTER-BLICK" Gretchen: 12069: „Neige, Neige,
„Du Ohnegleiche,
„Du Strahlenreiche,
„Dein Antlitz gnädig meinem Glück!
„Der früh Geliebte,
„Nicht mehr Getrübte,
„Er kommt zurück."

Mater Gloriosa „Komm! hebe dich zu höhern Sphären!
12094/12095 „Wenn er dich ahnet, folgt er nach.
Doctor Marianus „Blicket auf zum Retterblick
12096 und 12102 „Jungfrau, Mutter, Königin,
„Göttin, bleibe gnädig!"

Der „BLICK DER AUGEN" oder der „AUGENBLICK" wird
zum „RETTERBLICK" und rettet Faust.

„WORT UND SINN" verbinden alle Goethes Werke.
Im „Prolog im Himmel" spricht der „Herr" mit Mephisto über
Faust: 299 ff „Kennst du den Faust? … Meinen Knecht!" Me-
phisto weiß, daß er, von der Erde jede Höchste LUST fordert."
Der „Herr" 308 ff
„Wenn er mir jetzt auch nur verworren dient
„So werd ich ihn bald in die Klarheit führen.
„Weiß doch der Gärtner, wenn das Bäumchen grünt
„Daß blüt und Frucht die künft'gen Jahre zieren."

„Vor dem Tor" erscheint ein „Bäumchen", „Bauern unter der
Linde: 949 ff: „Der Schäfer putzte sich zum Tanz, mit bunter
Jacke, Band und Kranz, …
„Wie mancher hat nicht seine Braut belogen und betrogen!"
Dies ist der Schäfer-Tanz mit dem „DIE LAUNE DES VER-
LIEBTEN" beginnt. Im „STUDIEZIMMER" erscheint das
zweite Bäumchen. Ein Schüler: 1881 ff: „Aufrichtig, möcht
schon wieder fort:
„In diesen Mauern, diesen Hallen,
„Will es mir keineswegs gefallen.
„Es ist ein gar beschränkter Raum, Man sieht nichts Grünes,
keinen Baum,
„Und in den Sälen auf den Bänken, vergeht mir „Hören, Sehn
und Denken."

Die STIMME DES LICHTS" von „Hören und Sehen" wird hier durch Denken erweitert.

Das „DENKEN" hat etwas mit dem „SINN DES WORTES" oder mit „Wort und SINN" ZU TUN. AUF DIESES THEMA GEHT MEPHISTO EIN: 1989 FF:

„Der Schüler soll auf die WORTE des Meisters schwören.

„Schüler: Doch ein Begriff muß bei dem Worte sein,

„Mephisto: Schon gut! Nur muß man sich nicht allzu ängstlich quälen.

„Denn eben wo Begriffe fehlen, da stellt ein Wort zur rechten Zeit sich ein:

„Mit Worten läßt sich trefflich streiten

„Mit Worten ein System bereiten

„An Worte läßt sich trefflich glauben,

„Von einem Wort läßt sich kein Jota rauben."

Das Merkmal „Stimme des Lichts, von Hören, Sehen und Denken, wird von Mephisto des „Denkens" beraubt. Er macht sich lustig über das Thema: „WORT UND SINN", und unterstützt so Faustens Ausspruch:

„Ich kann das Wort so hoch unmöglich schätzen. Ist es der „SINN", „der alles wirkt und schafft".

Das Kapitel schließt ab mit dem GRÜNEN GOLDENEN BÄUMCHEN. Mephisto:

„Grau, teurer Freund, ist alle Theorie, und GRÜN des LEBENS GOLDNER „BAUM." Das „Gold" zeigt die „Lust" an. Es ist nicht das „Grüne Bäumchen, welches der „Herr" meint.

Das „grüne Bäumchen", das der „Herr" meint, erschien im „KERKER".

Es ist der „Mach-Handel-Baum": „... un't güng een Maand hen, de „Snee vorgüng; un twe Maand, so wöör dat gröön;"

Das ist das „grüne Bäumchen", daß Faust verstehen soll, unter dem Gretchen singt, weil ihr „Sinn zerstückt" und ihr „Kopf verrückt ist. „ Thema: „WORT UND SINN".

Das Bäumchen, um das getanzt wird, erscheint bereits in „DIE LAUNE DES VERLIEBTEN", 1. Auftritt.

GOETHE, als Autor seiner Werke, erschafft durch „WORT UND SINN" einen Kunst-Stil, der zum Teil auf Kunst-Stil-Elementen von GRIMMS-Märchen basiert. So geht aus dem „ROTKÄPPCHEN-Märchen" die „Stimme des Lichts" von „HÖREN UND SEHEN" hervor.

„ROTKÄPPCHEN": „EI du mein Gott, wie ängstlich wird mir's heute zumut

„Auch Gretchen wurde es so zumut: 2755:

„Es wird mir so, ich weiß nicht wie -

„Ich wollt die Mutter käm nach Haus," sagt Gretchen, nachdem Mephisto die „goldne Kette" in den Schrein gelegt hatte. Gretchen soll durch die „goldne Kette" zur „Beute" von Faust werden.

4414/4415: „Mein Vater, der Schelm, Der mich gessen hat!"

Es folgt die „STIMME VOM LICHT" in „ROTKÄPP-CHEN":

„Da lag die Großmutter … und sah so wunderlich aus

„Ei, Großmutter, was hast Du für große Ohren!

„Daß ich dich besser „hören" kann!

„Ei, Großmutter, was hast du für große Augen!

„Daß ich dich besser „sehen" kann!

„HÖREN UND SEHEN" zeigt die „Stimme des Lichts" an. Sie beginnt aber als „Beute" mit dem entsetzlich großen Maul: Daß ich dich besser fressen kann.

Auch in Goethes „DIE LAUNE DES VERLIEBTEN" beginnt

die „Stimme von Hören und Sehen", also die „STIMME DES LICHTS", mit der „Beute vom Wolf", 1. Auftritt: Amine: …
da, wenn er mich nur sieht,
„Wenn er mein Schmeicheln hört,
„Bald seine Laune flieht."
Amine ist die „Beute" für den Wolf, die Beute für Eridons „sehen" und „hören"! Das Thema „Stimme des Lichts" von „Hören und Sehen" beginnt in „Goethes Werken"-wie auch-in „Grimms-Märchen" -

Auch in Goethes 2. Werk: „DIE MITSCHULDIGEN", 3. Aufzug, 9. Auftritt wird das Thema von „HÖREN UND SE-HEN" ausgiebig behandelt:
Söller: Eh, Herre, was man sieht, das, dächt ich, kann man wissen.
Alcest: Wie sieht? Wie nehmen Sie das Sehen?
Söller: „Wie man's nimmt. vom „HÖREN UND VOM SEHEN"
„HÖREN UND SEHEN" ist die „STIMME VOM LICHT".
Alcest: Was hörten Sie?
Söller: Der's selbst mit Augen „sah".
Alcest: Was haben Sie gesehen?
Söller: Ei nun, das „sieht" man immer.
und schließlich die Antwort: ein „RENDEZVOUS"
„Hören und sehen" die „Stimme vom Licht" kündigt ein „Rendezvous" an „Rendezvous" oder „WIEDERSEHEN", DAS IST DAS THEMA VON „WORT UND SINN".

Das „Rendezvous" oder das „Wiedersehen" erscheint in „FAUST" I, „Kerker". Gretchen: 4585/4586: „Wir werden uns Wiedersehen,
„Aber nicht beim Tanze."

Auch in „DIE LEIDEN DES JUNGEN WERTHER" heißt es:

„Wir werden sein! Wir werden uns wiedersehen!"

In „DIE MITSCHULDIGEN" ist das „Rendezvous" noch ein „Lustspiel" von heute Nacht. Es ist des „Teufels Lustspiel", und gibt dem kleinen Werk seinen Namen: „Die Mitschuldigen" ein „LUSTSPIEL".

Alcest: So war er auf dem Balle?

Söller: Wer war den auf dem „SCHMAUS?

HIER IST DIE „STIMME VOM LICHT" NOCH MIT DEM „SCHMAUS" VERBUNDEN, ALSO MIT DER „BEUTE VOM WOLF" MIT DEM REIZ VOM „FRESSEN".

„DIE LEIDEN DES JUNGEN WERTHER": „Am 12. August" erscheint die „Stimme des Lichts" von „Hören und Sehen" im Zusammenhang mit dem „Mädchen", das ins Wasser geht, und tot aufgefunden wird. Sie wird zur „Beute ihrer eigenen Lust."

Das Mädchen, „Deren feurige Natur fühlt nun endlich innigere Bedürfnisse, die durch die „Schmeicheleien der Männer vermehrt werden, ihre vorigen Freunde werden ihr nach und nach unschmackhaft, bis sie endlich einen Menschen antrifft, zu dem ein unbekanntes Gefühl sie unwiderstehlich hinreißt, auf den sie nun alle ihre Hoffnungen wirft, die Welt rings um sich vergißt: nichts hört: nichts sieht: nichts fühlt: als ihn, den einzigen, sich nur sehnt nach ihm, dem einzigen.

Hier wird die „Stimme vom Licht", vom „Hören und Sehen" durch das „Fühlen" erweitert. Das „Fühlen der Begierde", ein Vorgefühl aller Freuden.

Aber ihr Geliebter verläßt sie.-Erstarrt, ohne Sinne steht sie vor dem Abgrund, alles ist Finsternis um sie herum …" -

Die „Stimme des Lichts" von „Sehen und Hören" endet in „Finsternis". Thema: „WORT UND SINN"; sie ist ohne Sinne, weil er sein Wort bricht.

Auch „WERTHER" endet so. „Nach Elfe".

Ein Nachbar sah den „Blick" vom Pulver und hörte den Schuß fallen. Aber alles blieb stille und er achtete nicht weiter drauf.

Die „Stimme des Lichts" endet in „Finsternis, weil „Wort und Sinn" nicht mehr besteht.-Es gibt kein „Wiedersehn".

„WIEDERSEHEN" werden sich nur Gretchen und Faust, und zwar durch den „Blick der Augen", oder den „Augenblick" von Gretchen. „WORT UND SINN": „AUGENBLICK" hat 2 Bedeutungen: „Faust: 11581/82: „Zum Augenblicke dürft ich sagen:

„Verweile doch, du bist so schön!" oder „Faust: 10062 ff: „Den schnell empfundenen, ersten, kaum verstandnen „Blick" (der Augen)

„Wie Seelenschönheit steigert sich die holde Form, ... erhebt sich in „den Äther hin Und zieht das Beste meines Innern mit sich fort."

Dieser „Augen-Blick" führt zum „Retter-Blick" und rettet Faust.

„GRIMMS-Märchen", die Goethe für seinen „Kunst-Stil" gebraucht, sind: „ROTKÄPPCHEN" aus dem die „Stimme des Lichts" hervorgeht.

„SCHNEEWITTCHEN" aus dem die „doppelte Schönheit' hervorgeht. Einmal ist Schneewittchen das „gute Mutter-Kind"; das mit Fleiß den Zwergen dient, und so für die Zwerge „schön" ist. Die zweite „Schönheit" besteht darin eine „Hexen-Tochter" zu sein. Also das „schöne Tanzmädchen", Egles Tochter Amine im „geistigen Spiegel"; oder die „Hexen-Tochter" im „Zauber-Spiegel", Helena.

„DORNRÖSCHEN" fällt in einen 100-jährigen Schlaf, ehe

es der Königssohn findet: „Da lag es nun und war so schön, daß er die Augen nicht abwenden konnte, und er bückte sich und gab ihm einen „Kuß". Wie er es mit dem „Kuß" berührte, schlug „Dornröschen" die Augen auf, erwachte und blickte ihn ganz freundlich an."

Dies ist der „verschenkte Augenblick" von „Dornröschen". Und da „Dornröschen" ihren „BLICK" an den Königssohn verschenkt hatte, hatte sie keine Macht mehr über ihn.

Hier beginnt Eridons „Macht vom Blick der Augen" über Amine, die Faustens „Augen der Gewalt" 3397 für Gretchen werden, und Gretchen wendet sich ab von den „Augen der Gewalt", hin zum „Retterblick".

Das Heldenband von „BLICK" und „KUSS" aus Grimms Märchen: „DORNRÖSCHEN" erscheint in „DIE LAUNE DES VERLIEBTEN" als ein Thema: „MACHT DER NA-TUR", im 1. Auftritt erscheint dieses Thema: verbunden mit dem „BLICK". Egle zu Amine:

„Mußt du nicht jeden Blick von seinen Augen stehlen?
„Die Macht von der Natur in unsern Blick gelegt
„Das er den Mann entzückt, daß er ihn niederschlägt,
„Hast du an ihn geschenkt."

Amine ist ohne Blick und ohne Macht.

Im 2. Auftritt will Egle Aminen lehren Eridon zu bekehren über „Blick und Macht": Dann wird ein Blick ihn mehr als jetzt ein Kuß erfreuen." Im 5. Auftritt will Amine ihre Macht zurück haben und sagt sich: „Versuch ihm diese Macht durch Kaltsinn zu entziehen, und Amine übernimmt Egles Blick vom Kaltsinn. Dadurch wird Amine zur Göttin, die kaum genug Blicke für alle ihre Diener finden wird, sagt Eridon. Amines schwaches Herz gibt auf. Statt des Blickes einer Göttin steht Amine im 7. Auftritt „mit niedergeschlagenen Augen" da.

Dieser „Blick" der „niedergeschlagenen Augen" spielt dann im „FAUST" eine Rolle, Faust über Gretchen: 2615/16:
„Wie sie die Augen niederschlägt,
„Hat tief sich in mein Herz geprägt;"
„Das ist der erste kaum verstandene Blick. „FAUST II",: 10062
Im 8. Auftritt wird Egles Verräter-Kuß zum „LUST"-KUSS für Eridon. Und im 9. Auftritt führt dieser „Lust-Kuß" von Egle zur „VERNUNFT". Egle zu Amine: „Küß ihn; weil er so „vernünftig" spricht … und Egle weiter: „So sprich von diesem Kuß, dies Mittel schlag ihn nieder.-Egles „Blick" und auch Egles „Kuß" sind beide verbunden mit dem Thema: „MACHT DER NATUR".

Der „Verräter -Kuß" der „Lust" verbindet Goethes 1. Werk: „DIE LAUNE DES VERLIEBTEN" mit seinem 2. Werk: „DIE MITSCHULDIGEN" Zu „Kuß und Lust" wird noch „BALL oder TANZ" hinzugefügt.
Auch dieses Thema finden wir im „FAUST" wieder, und zwar im „KERKER". Das „Kuß-Halteband" von Gretchen und Faust endet hier, also das Band der „MACHT DER NATUR" endet hier. Und Gretchen sagt: „Wir werden uns wiedersehen, aber nicht beim Tanze."
Das Band der „MACHT DER NATUR" endet mit Gretchen im „KERKER", und ein „neues Helden-Band" beginnt, verbunden mit dem „RETTERBLICK".

„WORT UND SINN": verbindet den „Verräter-Kuß der Lust" mit den Worten: „wunderlich" und „Vernunft".
Im 4.Auftritt von „DIE LAUNE ---" sagt Egle zu Lamon: „Komm gib mir doch den „Kuß von deiner Chloris" wieder …"
Darauf Amine:

„Seid ihr nicht wunderlich?" Und im Letzten Auftritt erscheint dann: „Kuß und Vernunft".

Im „Prolog im Himmel" im „FAUST" erscheint ebenfalls „Vernunft und „wunderlich". Mephisto: 281 ff

„Der kleine Gott der Welt bleibt stets vom gleichen Schlag.

„Und ist so wunderlich als wie am ersten Tag.

„Ein wenig besser würd er leben,

„Hätt'st du ihm nicht den Schein des Himmelslichts gegeben
Er nennt ,s Vernunft und braucht's allein,

„Nur tierischer als jedes Tier zu sein."

Der SCHEIN DES HIMMELSLICHTS kommt natürlich nicht vom „Herrn", sondern ist die „Macht der Natur".

„Die Macht der Natur" ist auch ein Thema in „GRIMMS Märchen": „ROTKÄPPCHEN".

Der Wolf dachte bei sich: Das junge zarte Ding, das ist ein Fetter-Bissen, der wird noch besser schmecken als die Alte, du mußt es listig anfangen, damit du beide schnappst."

Rotkäppchen ging zum Bett … da lag die „Großmutter" … und sah so wunderlich aus."

Es folgt die „Stimme vom Licht": (also die „Vernunft")

„Ei, Großmutter, was hast du für große Ohren!"

„Daß ich dich besser hören kann -

„Ei, Großmutter, was hast du für große Augen!"

„Damit ich dich besser sehen kann. -

„HÖREN und SEHEN" ist die „Stimme vom Licht", die als Stimme vom Wolf eine Stimme der „Vernunft", eine Stimme der „Macht der Natur" ist, weil sie die „Beute" bezeichnet.

„SEHEN und HÖREN" beginnt mit der Vernunft als „List".

„DIE MACHT DER NATUR" IST DAS VORHERR-SCHENDE THEMA IN DER NOVELLE;

„DIE WUNDERLICHEN NACHBARSKINDER" (Seite 58) und
„DIE MACHT DER NATUR" ist ein Thema in „DIE WAHLVERWANDTSCHAFTEN"
„Die Paare, die neue Partner suchen, diese „Paare übers Kreuz" handeln nach den Gesetzen der „MACHT DER NATUR".

Das „Helden-Band" von „BLICK UND KUSS" erscheint auch in Faust I verbunden mit dem Thema: „Macht der Natur". Gretchen (als Dornröschen) am Spinnrade: Meine Ruhe ist hin, mein Herz ist schwer ... singt über Faust und „seiner Augen Gewalt, also Fausts „BLICK" und der Macht der Natur (3397), und über das „KUSS"-Halteband: „Ach dürft ich fassen und halten ihn, (3408) und küssen ihn, so wie ich wollt, an seinen Küssen vergehen sollt. „BLICK UND KUSS" gehören zur „Macht der Natur."
Im „KERKER" verändern sich Faustens „Augen der Gewalt" zum Mitgefühl: Gretchen zu Faust: „und blickst so gut und fromm" (4535), Fausts „BLICK" drückt nicht mehr die „Macht der Gewalt" aus; und auch das „Kuß-Halteband" ist zu Ende:
Margarete:
(4486 ff) „Wie? Du kannst nicht mehr küssen?
„Mein Freund, ... hat's küssen verlernt."
Die „Macht der Natur" endet für Gretchen im „KERKER".

In „FAUST II", 4.Akt, 10062 ff. erscheint dann für Faust:
„Der schnellempfundene, erste, kaum verstandene „BLICK".
„Der, festgehalten, überglänzte jeden Schatz,
„Wie Seelenschönheit steigert sich die holde Form...
„Und zieht das Beste meines Innern mit sich fort.
Dies ist der „Blick der Seelenschönheit", der Faust und Gretchen vereint, der „Blick der Macht der Natur" ist zu Ende.

Es ist der „Blick der Augen" oder der „Augenblick", der zum „RETTERBLICK" führt.

Mater Gloriosa: 12094/95 zu Gretchen: „Komm! Hebe dich zu höhern Sphären! „Wenn er dich ahnet (Faust) folgt er nach."

Doctor Marianus: 12096 „Blicket auf zum Retterblick. Der „RETTERBLICK" ist der „Augenblick" von 12102/03: „Jungfrau, Mutter, Königin, Göttin bleibe gnädig!

Im „ZWINGER": 3616 erschien Gretchens Stimme bereits und bat die Mater Dolorosa um den „Retterblick". HILF! RETTE MICH von Schmach und Tod! und Gretchen brachte der Mater Dolorosa „frische Blumen."

Mit „BLUMEN" beginnt Goethes 1. Werk: „Hier sind noch Blumen".

Es beginnt mit der „ROSE", UND MIT DER „ROSE" endet Fausts-Rettung. Engel (Fausts Unsterbliches tragend). 11942 Engel:

„Jene Rosen aus den Händen liebend, heilger Büßerinnen

„Halfen uns den Sieg gewinnen, und das hohe Werk vollenden,

„Diesen Seelenschatz erbeuten." Faust wird zur „Beute" der Engel. Mit der „Beute" vom Wolf begann das Thema: „Stimme des Lichts".

„WORT UND SINN" Die „ROSE" wird bei den Engeln zur „Stimme des Lichts.

„RETTET MICH, UND RETTET EUER BILD IN MEINER SEELE"!

ruft Iphigenie: 1716/1717, Goethes „Iphigenie auf Tauris".

Auch in „WILHELM MEISTERS LEHRJAHRE" spielt das „BILD IN DER SEELE" eine wichtige Rolle.

Im 1. Buch, 1. Kapitel erscheint Mariannes Bild Wilhelm „im

Traum". Dieses Bild sinkt in den Sumpf, und Wilhelm ist froh aufzuwachen, und Mariannes Bild in der Wirklichkeit zu sehen wie es glänzt.

Im 7. Buch, 6. Kapitel erzählt THERESE-dieser Name bedeutet:
The Rese oder „Die Rose"-daß Lothario eine Beschreibung machte, wie er sich eine Frau wünschte (nämlich so wie „Die Rose"):
„Ich ward Rot, denn er beschrieb mich, wie ich leibte und lebte.
„Ich genoß im Stillen meinen Triumpf."…
„Ich hatte nie geliebt, und liebte auch jetzt nicht, …
„Lothario reichte mir seine Hand, er sah mir in die Augen,
„er umarmte mich und drückte einen Kuß auf meine Lippen Es war der erste und letzte …"
Aber „Therese" war eine erstklassige „Haushälterin" und somit das Ideal für Lothario. Der Name „THERESE" bedeutet „DIE ROSE"
Ist „die Rose" ein „BILD IN DER SEELE"? Ein „Bild von „Stimme vom Licht?
"
Im 7. Buch, 7. Kapitel taucht „MARGARETE" auf.
„MARGARETE" ist Lotharios „alte Liebe"-sie trägt den gleichen Namen wie Gretchen im „FAUST". Sie wird eingeführt durch: „HÖREN UND SEHEN", also durch das Kunst-Stil-Merkmal von der „STIMME VOM LICHT". Sie war die Tochter eines Pächters und vor 10 Jahren Lotharios „große Liebe".
Lothario: Nun war es lange, daß ich Margarete nicht gesehen habe, denn sie ist weit weg verheiratet, nun hörte ich zufällig, sie sei mit ihren Kindern gekommen ihren Vater zu besu-

chen; erzählt Lothario. „HÖREN UND SEHEN" zeigt die „STIMME VOM LICHT" an.

Als ich mich näherte, sah eine Frauensperson schnell oben zum Fenster heraus, und als ich gegen die Türe kam, hörte ich jemand die Treppe herunter springen ..., „HÖREN UND SEHEN" = „STIMME VOM LICHT".
Diese Person brachte das Kind vor Lotharios Pferden in Sicherheit. Lothario glaubte „an dem freistehenden Ohr eine merkliche „RÖTE" zu sehen. Lothario glaubte zu sehen: „daß ihre Wange eben so leicht der liebenswürdigen RÖTE empfänglich, dabei Mutter von 6 Kindern, vielleicht noch von mehrern." (Der Wange-Rot erschien bei Egles schönem Tanzmädchen in „DIE LAUNE ...) Aber Lothario traf die „Muhme", und nicht seine „Alte Geliebte".

Lothario: „Ich konnte mich von dem lebendigen Bild voriger Glückseligkeit, das vor mir stand, nicht losreißen. Ist die „Muhme", das „Bild in der Seele" von Lothario?
Lothario unternimmt einen 2. Versuch seine frühere Geliebte zu treffen. Er ging ins Haus und MARGARETE kam ihm entgegen: „Sie schlug die Augen nieder, als sie mich sah, aber keine RÖTE verkündigt eine Innere Bewegung des Herzens. Das „Augen-Niederschlagen" erscheint im „FAUST": Faust: „Der Lippe Rot, der Wange Licht, Die Tage der Welt vergeß ich's nicht".
„Wie sie die Augen niederschlägt,
„Hat tief sich in mein Herz geprägt; (2613-2616)
MARGARETE hat eine „gesetzte Stimme"; ohne Rührung, mit jener Natürlichkeit, die Lothario immer so sehr entzückte. Und Lothario überläßt es den andern zu denken mit welchem Herzen er blieb und mit welchem Herzen er sich entfernte. Ist Lotharios „Alte Geliebte Margarete" das „Bild in der Seele?"

Oder ist das „Bild in der Seele Mariane?"

Im 7. Buch, 8. Kapitel sucht Wilhelm seine Mariane.

Mariane hat einen roten Mund-wie Gretchen-dies deutet auf die „STIMME VOM LICHT" hin; und die Alte Barbara hatte keine Macht über Marianes Herz. Marianes Stimme ist die „Stimme des Herzens" oder die „Stimme des Lichts". oder die „Stimme der Wahrheit" und deutet somit

auf das „Bild der Seele" hin. Dies wird unterstrichen durch den Spiegel, in dem Mariane ihre Gestalt sah, über die sie sich freuen konnte, weil sie Wilhelm die Treue hielt. Mariane gewinnt einen Sieg über sich selbst. Wilhelm will sie mit einem Licht beleuchten, ihr holdes Angesicht sehen. Die alte Barbara antwortet, weder das Licht der Sonne noch eine Kerze können Marianes „holdes Angesicht" je wieder erleuchten.

Im „FAUST II" erscheint am Ende: 12096 ff: ein Doctor Marianus (auf dem Angesicht anbetend) Man kann das „Holde Angesicht von Doctor Marianus nicht sehen, aber „Doctor Marianus" scheint „Mariane" zu sein, die betend auf das „BILD IN DER SEELE" hinweist:

„Blicket auf zum Retterblick, Alle reuig Zarten,

„Euch zu seligem Geschick Dankend umzuarten …

Der „Retterblick" der „Jungfrau, Mutter, Königin, Göttin, bleibe gnädig!" wird das „BILD IN DER SEELE". = „Mater Gloriosa"

Der „Retterblick" ist auch der „Blick der Augen" oder der „Augenblick" der Faust retten wird.

Faust bewundert den „ersten, kaum verstandenen Blick" von Gretchen (10062-wie Seelenschönheit-Und die Mater Gloriosa sagt zu Gretchen: „Komm! hebe dich zu höhern Sphären! Wenn er dich ahnet, folgt er nach."

Auch Gretchen ist ein „Bild in der Seele" von Faust.

GOETHES KUNST STIL BASIERT AUF GRIMMS MÄRCHEN.

In „DIE LAUNE DES VERLIEBTEN" 1. Auftritt, erscheint die „NELKE" die Lamon für Egle brach. Aber „DIE NELKE" (Nr.76) ist keine Blume, sondern ein „GRIMMS MÄRCHEN".
Im „Letzten Auftritt der „LAUNE" ist es Egles „Verräter Kuß" der zur „NELKE" führt. Lamon „Sie (Egle) macht sich so schön; ich war dem Mund so nah und konnt nicht widerstehn."
Dieser Verräter Kuß führt zur Lust, zur Gier und schließlich zum Tanz.
Amine: Komm mit zum Fest!
Lamon: Ich muß; ein Kuß belehrte mich. Der Kuß führt zur Tanz-Lust.
Dann geschieht die Verbindung von „DIE LAUNE" Und dem Märchen „DIE NELKE" durch „WORT UND SINN": Eigen-Urteil. Egle: So Freund: Du mußtest dir dein??? „Eigen-Urteil" sprechen. Dein „Eigen-Urteil" erscheint auch in „Die Nelke. " Und es bezieht sich auf einen „schwarzen Hund" mit einer „Goldenen Kette."

„Der schwarze Hund mit Goldenen/Kette" erscheint in Goethes Faust wieder, als Mephisto mit „Goldner Kette für Gretchen".

„Verräter-Kuß" und „Goldene Kette" erscheinen als ein Symbol in Goethes Werken:
„Nun will ich dir dein Urteil sprechen,

„Du sollst ein schwarzer Pudelhund werden und eine goldene Kette
„Um den Hals haben … (Die Nelke).

„ROTKÄPPCHEN" (Nr. 26)

„Es war einmal, eine süße Dirne, die hatte jedermann lieb, der sie nur „ansah" ... Auch Faust sagt zu Mephisto, nachdem er Gretchen nur ansah 2619 „Hör, du mußt mir die Dirne schaffen!"

WORT UND SINN verbinden ROTKÄPPCHEN und FAUST

Eines Tages sprach die Mutter zu Rotkäppchen, „komm Rotkäppchen, da hast du ein Stück Kuchen und eine Flasche Wein, bring das der Großmutter hinaus ... so geh hübsch sittsam und lauf nicht vom Wege ab, ... „Ich will schon alles gutmachen, sagte Rotkäppchen zur Mutter und gab ihr die Hand darauf."

THEMA: Alles gutmachen und nicht vom Wege ablaufen halten weder Grethe noch Rotkäppchen ein.

Gretchen als „GRASAFF" läuft vom „guten Mutterweg ab", nachdem sie von Faust die „Flasche" mit den 3 Tropfen für die Mutter zum Schlaf erhielt

Als Rotkäppchen in den Wald kam begegnete ihm der Wolf ...,

Der Wolf dachte bei sich ..."Das junge, zarte Ding, das ist ein Fetter Bissen, der, wird noch besser schmecken als die Alte; du mußt es listig anfangen, damit du beide erschnappst:

Thema: Der Wolf will durch List Rotkäppchen vom Wege abbringen. Auch Mephisto sagt zu Faust: „Mit dem schönen Kind Geht's nicht geschwind ... „Wir müssen uns zur LIST bequemen."(2658)

Die List wird die Goldene Kette die Mephisto für Gretchen bringt, und die sie zur Edelfrau machen soll. Die goldene Kette aber bedeutet „Mach Handel", Gretchen wird durch die Kette zur „Buhle".

Der Wolf: „Rotkäppchen sieh einmal die schönen Blumen die ringsum stehen, du gehst als wenn du zur Schule gingest, und ist so lustig „haußen" im Wald. Das Wort: „haußen" erscheint in Goethes „BLUMENSUCHER" VOM 30. NOVEMBER, II. BUCH, „DIE LEIDEN DES JUNGEN WERTHER", und zeigt eine „WORT UND SINN" Verbindung zwischen „ROT-KÄPPCHEN" und „DIE LEIDEN … „ an.

Rotkäppchen dachte, wenn ich der Großmutter einen „Frischen Strauß" mitbringe, der wird ihr auch Freude machen, „lief vom Wege ab" in den Wald hinein und „suchte Blumen." Der „Fri-sche Strauß" ist ein Symbol in Goethes Werken. Er erscheint auch im Gedicht an die Mater Dolorosa im „ZWINGER", nach dem Gretchen vom „Mutter-Weg" abgegangen war.

In Goethes 1. Werk „DIE LAUNE DES VERLIEBTEN" über-redet Egle Aminen zum Tanz zu gehen und sagt über Eridon: „Da er der Wiese Gras um deine Tritte neidet …," Mephisto nutzt dieses Bild und nennt Gretchen einen „Grasaff" am Abend vor ihrem Fehltritt oder vom „guten Mutter-Weg abgehen".

Im „FAUST", Kerker: 4585/4586, also am Schluß der Ge-schichte sagt Gretchen zu Faust: „Wir werden uns wiedersehen, Aber nicht beim Tanz." Der Tanz ist das Gegenteil vom „guten Mutter-Weg". Der Tanz bedeutet: „vom Wege abgehen."

„DAS VOM WEGE ABGEHEN" ist bereits ein Thema im PROLOG in „FAUST" Mephisto 312-314 zum „Herrn": „Was wettet Ihr? Den (Faust) sollt Ihr noch verlieren, „Wenn Ihr mir die Erlaubnis gebt, ihn meine Strasse sacht zu führen!

„Mephistos Strasse" bedeutet „Vom Wege abgehen" „Vom Wege zu Gott" abgehen.

Das „vom Wege abgehen" ist mit „Blumen-Suchen" verbunden. Aber in „DIE LEIDEN DES JUNGEN WERTHER" am 30.

November, II. Buch, gibt es einen „BLUMEN-SUCHER", der keine „BLUMEN" findet.

Werther sieht eine Erscheinung, die ihn aus der Fassung bringt. Er sieht einen Menschen in einem grünen, schlechten Rock, der zwischen den Felsen herum kroch und Kräuter zu suchen schien. Da seine Kleidung ihn als von geringem Stande bezeichnete, glaubte ich ihn nach seiner Beschäftigung fragen zu dürfen.

„Was er suchte?"-Ich suche, antwortete er mit einem tiefen Seufzer, Blumen-und finde keine-Das ist auch die Jahreszeit nicht, sagte ich lächelnd -

Es gibt so viele Blumen sagte er, indem er zu mir herunterkam. In meinem Garten sind Rosen und Jelängerjelieber Zwierlei Sorten, eine hat mir mein Vater gegeben, sie wachsen wie Unkraut; ich suche schon 2 Tage darnach und kann sie nicht finden. Da „haußen" sind auch immer Blumen,' gelbe und blaue und rote, und das Tausendgüldenkraut hat ein schönes Blümchen, keine kann ich finden."

„WORT UND SINN" wird durch das Wort „haußen" betont, haußen sind auch immer Blumen sagt der Wolf zu Rotkäppchen. Der Wolf wollte Rotkäppchen vom Wege abbringen, durch das „Blumen-Suchen." „Haußen" verbindet „ROTKÄPPCHEN UND WERTHER". Auch Werther soll vom Wege abgehen, von „Gottes-Weg" abgehen. Werther will, daß der Vater (Gott) ihn zu sich rufen soll. Werther: „Vater, den ich nicht kenne! Vater, der sonst meine ganze Seele füllte und nun sein Angesicht von mir gewendet hat! Rufe mich zu dir! Schweige nicht länger!"

Werther will Vom Wege abgehen-durch Selbstmord-und Gott soll ihn zu sich rufen (obwohl seine Zeit noch nicht abgelaufen ist.) Werthers Selbstmord wird ein „vom Wege abgehen".

Der Wolf sagt zu Rotkäppchen: „sieh" einmal die schönen Blumen, … ich glaube du „hörst" gar nicht, wie die Vöglein so lieblich singen. „SEHEN UND HÖREN. " also die „STIMME VOM LICHT" wird durch das „lustig" haußen im Wald eingeführt. „SEHEN UND HÖREN" als „STIMME VOM LICHT" BEGINNT MIT DEM WOLF ALS „STIMME DER TÜCKE".

Rotkäppchen sah alles, voll schöner Blumen und wollte der Großmutter einen frischen Strauß mitbringen, lief vom Wege ab, in den Wald hinein und suchte Blumen. Als es so viele hatte, dass es keine mehr tragen konnte, machte es sich auf den Weg zur Großmutter.

Es zog die Vorhänge zurück: da lag die Großmutter und hatte die Haube tief ins Gesicht gesetzt, und sah so „wunderlich" aus.
Das Thema: WORT UND SINN hebt „wunderlich" heraus. Wunderlich verbindet ROTKÄPPCHEN mit FAUST, PROLOG IM HIMMEL. 281 bis 286: Mephisto sagt zum „Herrn"
„Der kleine Gott der Welt bleibt stets vom gleichen Schlag,
„Und ist so wunderlich als wie am 1. Tag.
„Ein wenig besser würd er leben,
„Hättst du ihm nicht den „Schein des Himmelslichts" gegeben;
„Er nennts Vernunft und brauchts allein
„Nur tierischer als jedes Tier zu sein."
„WUNDERLICH" steht hier in Verbindung mit dem „SCHEIN DES HIMMELSLICHTS". Der Schein des Heimmelslichts ist nicht das „Himmelslicht", sondern es gehört in Mephistos Bereich. Der Schein entspricht hier der „Stimme der

Tücke" oder der Beute, die dem Wolf wie ein „Himmelslicht"
vorkommt.

„HÖREN UND SEHEN"
„Ei, Großmutter, was hast du für große Ohren!"
„Daß ich dich besser Hören kann."
„Ei, Großmutter, was hast du für große Augen!"
„Daß ich dich besser Sehen kann! „
„Ei, Großmutter, was hast du für große Hände!"
„Daß ich dich besser packen kann!"
„Aber Großmutter, was hast du für ein entsetzlich großes
Maul!"
„Daß ich dich besser fressen kann!"
Rotkäppchen-die Beute vom Wolf-erscheint dem Wolf wie ein
„Schein des Himmelslicht". „SEHEN UND HÖREN" be-
ginnt als Thema die „Stimme der Tücke", und entwickelt sich
schließlich zur „Stimme der Wahrheit".
Dieses „KUNST-STIL-MERKMAL" ERSCHEINT IN
ALLEN WERKEN GOETHES, UND STAMMT AUS
GRIMMS MÄRCHEN ROTKÄPPCHEN.

In „Die Laune des Verliebten, 1. Auftritt, sagt Amine:
„Und doch vergüg ich mich da, wenn er mich nur sieht,
wenn er mein Schmeicheln hört,
bald seine Laune flieht.
„SEHEN UND HÖREN" deuten Amine als „BEUTE VON
ERIDON" an.
„SEHEN UND HÖREN" als „Kunst-Stil-Merkmal" zeigt
sich besonders deutlich in „DIE MITSCHULDIGEN", III, 9.
und weist dort besonders deutlich auf das „WIEDERSEHEN"
hin.

Der „FRISCHE STRAUSS" ein Symbol:
Das Thema „Blumen-Sucher" und „Vom Wege abgehen" wird bei Goethe-wie auch bei Rotkäppchen-mit dem „frischen Strauß" verbunden. Gretchen „geht vom guten Mutter-Weg ab", als sie das „Fläschchen" von Faust, mit den 3 Tropfen für die Mutter (zum Schlaf) annimmt. Dann nennt Mephisto Gretchen einen „Grasaff", damit bezieht er sich auf die „LAUNE", 1. Auftritt wo Amines „Tritte" der Wiese Gras berühren, beim „Tanz". Thema: „Tanz und Lust" und vom Wege abgehen. Mephisto 3521:
„Der Grasaff! ist er weg?"
So kommt es zu Faustens „Verräter-Kuß": Walpurgisnacht: Faust:4197/98:
„Das ist die Brust, ... die Gretchen mir geboten,
„Das ist der süße Leib, den ich genoß."
Und Gretchen bezieht sich dann unterm „Mach-Handel-Boom" auf diesen Fausts Ausdruck: Gretchen: 4414/15:
„Mein Vater, der Schelm,
„Der mich gessen hat!"
Gretchen geht nach Fausts Verräter-Kuß zur Mater Dolorosa im „ZWINGER". Gretchen steckt „Frische Blumen" in die Krüge.
Das ist der „Blumen-Strauß", der zum Thema vom Wege abgehen gehört. Gretchen ist vom „guten Mutterweg abgegangen", ihre eigene Mutter ist tot und Gretchen geht nun zur „Mater Dolorosa": Gretchen: 3602 ff:
„Wohin ich immer gehe-Wie weh, wie weh, wie wehe, wird mir im Busen hier. „
Hier erscheint das „Kunst-Stil-Merkmal":

„Fuß" oder „Bein", „Gebeine" plus „Herz" (der Ort wo die Mutter begraben liegt. Diese „Kunst-Stil-Merkmale erscheinen auch beim „Mach-Handel-Boom" Goethe benutzt die „Kunst-

Stil-Merkmale": Fuß (Gebeine) und Herz verbunden mit dem Thema: „Vom Wege abgehen": 3596: „Wer fühlet, Wie wühlet, Der Schmerz mir im Gebein?

„Was mein armes Herz hier banget … „Kunst-Stil-Merkmal"
„Herz und Gebein"

4416: Mein Schwesterlein klein, Hub auf die „Bein" an einem „kühlen Ort".

Der „kühle Ort" ist „Mutters Grab" unter dem „Mach-Handel-Boom".

3610: „Als ich am frühen Morgen
„Dir diese Blumen brach Saß ich in meinem Jammer …,
„Hilf rette mich vor Schmach und Tod! Blumen als Bitte für Rettung". Gretchen ging vom Mutter-Weg ab, (hin zum Tanz), pflückte einen Strauß „Frischer Blumen" und bittet um Rettung. „Vom Wege abgehen". Blumen „Suchen", und der „Strauß" gehören zusammen.

Aber Gretchen ist nicht nur „ROTKÄPPCHEN", sondern gleichzeitig „DORNRÖSCHEN" (und SCHNEEWITTCHEN); alle 3 Figuren gehören zusammen.

„Dornröschen" (50)
„Dornröschen" verschenkte seinen „Blick" an den Königssohn.

„Der Königssohn öffnete die Türe zu der kleinen Stube, in welcher Dornröschen schlief … Da lag es und war so schön, daß er die Augen nicht abwenden konnte, und er bückte sich und gab ihm einen Kuß.

Wie er es mit dem Kuß berührt hatte; schlug Dornröschen die Augen auf „Erwachte" und „blickte ihn ganz freundlich an. „

„Dornröschen" verschenkt hier ihren „BLICK" an den Königssohn. Der „Kuß" erweckt Dornröschen zum Leben, aber Dornröschen hat keinen „BLICK" mehr.

In „DIE LAUNE ..." spricht Egle über diesen „verschenkten BLICK" von Dornröschen = Amine. Egle:

„Mußt du (Amine) nicht jeden BLICK von seinen Augen stehlen"

„Die Macht von der Natur in unsern BLICK gelegt

„Daß er den Mann entzückt, daß er ihn niederschlägt,

„Hast du an ihn geschenkt, und mußt dich glücklich halten,

„Wenn er nur freundlich sieht."

Im „Letzten Auftritt" wird dann auch noch der „KUSS" zur Macht der Natur, der „niederschlägt".

„BLICK UND KUSS" WERDEN „KUNST-STIL-MERKMALE" BEI „GOETHE", die er aus „GRIMMS MÄRCHEN" aufnimmt.

„Gretchen am „SPINNRADE" allein (Gretchen = Dornröschen)

„Meine Ruh ist hin, mein Herz ist schwer." Dieser Zustand Gretchens wird durch die „KETTE" herbeigeführt. Ehe Mephisto die „goldene Kette" brachte, ist Faustens Herz schwer. Faust (2719)

„Was willst du hier? Was wird das Herz dir schwer?

Die Kette verdreht Gretchens „Kopf und Sinn".

DORNRÖSCHEN wird durch den Kuß zum Leben erweckt, auch für Gretchen bedeutet der Kuß Leben; sie sagt: „wo ich ihn nicht hab, ist mir das Grab" und „nach ihm nur schau ich ..."seines Mundes Lächeln, seiner Augen Gewalt". „Seiner Augen Gewalt" zeigt Faustens „Willen" an verbunden mit der „Macht der Natur". Gegen Faustens Augen der Gewalt ist Gretchen „machtlos". (Sie hat ihren „Blick" wie auch Dornröschen verschenkt). Und in der „WALPURGISNCHT heißt es dann 4195: Faust: „Fürwahr, es sind die Augen einer Toten."

Diese Augen Gretchens erhalten in „FAUST II" einen ganz neuen Sinn. 10062 ff:
„Den schnell empfundenen, ersten, kaum verstandenen Blick,
„Der festgehalten überglänzte jeden Schatz
Weiter heiß es am „SPINNRADE"
Seiner „Händedruck" und „Kuß" bedeuten „Glück" für Gretchen; aber auch dies ist ein Irrtum, es handelt sich nur um Faustens „Glück". Gretchen will ihn halten und küssen, aber im „KERKER" hören wir: „Faust hat's Küssen verlernt. Das „Kuß-Halteband" hält auch nicht mehr. In „FAUST II" wird dann Gretchens „BLICK" das Wichtigste, das Faustens Best es seines Innern, mit sich fortzieht.

Am DORNRÖSCHEN entwickelt sich die „Goldene Kette" für SCHNEEWITTCHEN, die aus „Augen" und „Herz" besteht …
GRETCHEN wird durch die „Goldene Kette" zum Schneewittchen.
GRETCHEN = SCHNEEWITTCHEN.
Auf die Frage: „Spieglein, Spieglein an der Wand, wer ist die Schönste im ganzen Land? antwortet der Spiegel nicht mehr. Aber Faust, als er Gretchen das erste Mal sieht, sagt: 2609/10, 2615/16 „Beim Himmel dieses Kind ist schön! So was hab ich noch nie gesehn, … „Wie sie die Augen niederschlägt, Hat tief sich in mein Herz geprägt; Bereits hier haben wir die „Kunst-Stil-Merkmale" „Herz und Augen". Gretchens „Augen" prägen sich in Faustens „Herz" ein, und bilden eine „neue Kette". (Gretchen in „FAUST II" zieht Faust an dieser unsichtbaren Kette nach oben.)

Diese „Kette" wurde bereits in „DIE LAUNE DES VERLIEBTEN" begonnen, und entwickelte sich aus den Elementen „Augen und Herz". Im „Letzten Auftritt von „DIE LAUNE ..." führte der Verräter-Kuß zum Märchen: „DIE NELKE". In diesem Märchen „Die Nelke „ wurde der Koch durch seine Gier zum „Hund mit der Goldenen Kette".

Auch Faustens „Verräter-Kuß"-daß ist der süße Leib den ich genoß-(4198) führt zur „Goldenen Kette" am „Mach-Handel-Boom" im KERKER: (4415) „MEIN VATER, DER SCHELM, DER MICH GESSEN HAT. Der schöne Vogel im „Mach-Handel-Boom" wirft dem Vater eine „Goldene Kette" um den Hals Die „Goldene Kette" zeigt die Gier nach „Lust" an, und somit das Kind zu essen. Das ist der Sinn der goldenen Kette.

Die „GOLDENE KETTE" ist Mephistos „LIST". Sie macht nicht schön, wie Gretchen denkt-sondern sie zeigt Faustens „GIER". Faustens „LUST auf Gretchen als „Fetten Bissen". Gretchen als „Beute" zum Fressen ist der Sinn der „Goldenen Kette". Mephisto der „schwarze Hund" bringt die „Goldene Kette", und Gretchen findet sie in ihrem Schrein. Sie legt die Kette vor dem „SPIEGEL" an: (2792):
„Ein Schmuck! Mit dem könnte eine Edelfrau am höchsten Feiertage gehn.'

Gretchen denkt „GOLD" bringt „Geld und Ehre" was zur Edelfrau führen würde, (aber es führt zum „Mach-Handel-Boom).
(2802/04) „Nach Gold drängt, Am Golde hängt, Doch alles, ach wir Armen." Die Kette bedeutet nicht „Geld und Ehre" sondern Faustens Gier nach „LUST", so wie die „Kette vom Hund" in der „NELKE", die durch die „GIER" nach Lust entstand.
Die zweite Kette, die Mephisto bringt, zeigt dies noch deutlicher. Gretchen bringt diese Kette zur Nachbarin, zur Kupp-

lerin Marthe-die nun Mutter-Stelle bei Gretchen übernimmt. -- Im „Mach-Handel-Boom" erscheint „Marthe als Gretchens Mutter" (4412/13)

„Meine Mutter die Hur, die mich umgebracht hat!" heißt es. Mit der 2. Kette von Mephisto beginnt das Thema: „Mach Handel" als „Dirne" oder „Hur". (Gretchen denkt beim Gold an Geld: „Mach Handel" oder „Mach Business").

Bei dem „MACH-HANDEL-BOOM" handelt es sich nicht um einen „Wachholder-Baum", sondern eben um einen „Mach-Handel-Boom". Gretchen wird durch die „Goldene Kette" nicht schön, sondern zum „Huren-Kind", das sich für GOLD/GELD verkauft; so wie es Bruder Valentin ausdrückt: 3750 ff:

„Ich seh wahrhaftig schon die Zeit, Daß alle braven Bürgersleut
„Von dir du Metze weichen.

„Dir soll das „Herz" im Leib verzagen, Wenn sie dir in die
„Augen sehn „Herz und Auge" sind Goethes „Kunst-Stil-Merkmale" für die Kette, und da kommt auch schon die „Goldene Kette".

„Sollst keine „Goldene Kette" mehr tragen …"

Die „Goldene Kette" wird zur „HENKERS-KETTE", in der „WALPURGISNACHT" sagt Faust: 4701 ff:

„Welch eine Wonne! welch ein Leiden!
„Ich kann von diesem Blick nicht scheiden.
„Wie sonderbar muß diesen schönen Hals
„Ein einzig rotes Schnürchen schmücken,
„Nicht breiter als ein Messerrücken!

Durch die „Kette" wird Gretchens „Kopf verrückt" und ihr „Sinn zerstückt. Die „Kunst-Stil-Merkmale" der „Kette" sind Augen und Herz, wie schon beim 1. Treffen Faust bemerkte: 2615/2616:

„Wie sie die Augen niederschlägt, Hat tief sich in mein Herz geprägt.

Gretchens Blick

(Kette) (unsichtbar)
Faustena Herz

„SCHÖN" wird Gretchen dann in „FAUST II", 4. Akt, Hochgebirge:
Faust sieht ein „entzückend Bild" 10058 ff:

„Täuscht mich ein entzückend Bild, Als jugenderstes, längst entbehrt Höchstes Gut? Des tiefsten Herzens früheste Schätze quellen auf Aurorens Liebe, leichten Schwung bezeichnet's mir,
Den schnell empfundenen, ersten kaum verstandenen Blick,
Der festgehalten, überglänzte jeden Schatz.
Wie Seelenschönheit steigert sich die Holde Form.
Löst sich nicht auf, erhebt sich in den Äther hin,
Und zieht das Beste meines Inner mit sich fort.

Gretchens „Blick" guckt in Faustens Herz, und in Faustens Herz entsteht das „BILD DER SCHÖNEN SEELE". Gretchen wird vor allen Werken Goethes: „DAS BILD DER SCHÖNEN SEELE". Gretchen erscheint als „Bild der Schönen Seele in Faustens Herz" und zieht das Beste seines Innern mit sich fort. DAS BILD DER SCHÖNEN SEELE ist Gretchen. Es heißt nicht mehr: „Spieglein, Spieglein an der Wand, wer ist die Schönste im ganzen Land? Sondern Gretchen ist das „Bild der schönen Seele", die sich in Faustens Innern, Faustens Herz oder Seele, spiegelt, und dann Faustens „Bestes seines Innern mit sich fortzieht. Faustens Bestes seines Innern ist Fausts Seele. Für Faust wird sie „sein Bild der schönen Seele".

Das erste Treffen zwischen Faust und Gretchen zeigte bereits diese SCHÖNHEIT, Faust 2609 ff:

„Beim Himmel dieses Kind ist schön! So etwas hab ich nie gesehn …

„Der Lippe rot, der Wange Licht, Die Tage der Welt vergeß ich's nicht!

Zum Unterschied vom „schönen Tanzmädchen", das die „Roten Wangen" und einen „Mund, der lächelnd haucht", hat, ist bei Gretchen die „Lippe Rot", weil ihr Mund die Wahrheit spricht, und die Wange zeigt ein LICHT. Die Wange vom „schönen Tanzmädchen" zcigt eine „Röte", die die Bewegung der Brust vom Tanz anzeigt, während das LICHT auf der Wange von Gretchen-die Stimme vom Herzen -oder die Stimme der Wahrheit-oder die „Stimme vom Licht" anzeigt.

„Wie sie die Augen niederschlägt, hat tief sich in mein Herz geprägt." Augen und Herz sind die „Kunst-Stil-Merkmale" für die „KETTE".

Aber es handelt sich nicht mehr um die „Sklaven-Kette aus „DIE LAUNE … oder die „Goldene Kette" vom „Schwarzen Hund" aus „DIE NELKE", sondern Gretchens Augen folgen dem „RETTERBLICK" der Mater Gloriosa und erheben sich:12094/95:

„Komm hebe dich zu höhern Sphären!

„Wenn er dich ahnet, folgt er nach."

GRIMMS MÄRCHEN: „VON DEM MACHANDEL BOOM" Nr.47
„MACH HANDEL BOOM"

Der Tanz um den Baum wird bei Goethe am Anfang mit der „STIMME TÜCKE" verbunden
„DIE LAUNE …, 1. Auftritt: Egle imitiert Eridon:
„Und tanztet?-um den Baum!-Was gabst du ihm zum Lohn?
„Amine: Freundin, ja das ist sein ganzer „TON"!

Im „Letzten Auftritt wird der „TON" von Egle und Eridon zum Verräter-Kuß, also zur „STIMME DER TÜCKE".

In „FAUST I, Vor dem Tor" gibt es den „Schäfer Tanz um die Linde" verbunden mit der „STIMME DER TÜCKE" 973 ff:

„Und tu mir doch nicht so vertraut!

„Wie mancher hat nicht seine Braut belogen und betrogen! Juchhe, Juchhe!

Weiter in „FAUST I" Mephisto und ein Schüler unterhalten sich: 2038 ff. Mephisto über den „LEBENSBAUM": „Grau teurer Freund, ist alle Theorie, „Und grün des Lebens Goldener Baum". Also „GOLDEN" und nicht „GRÜN".

Aber im „PROLOG" in „FAUST I" sagt der „Herr" zu Mephisto über Faust: 308-310:

„Wenn er mir jetzt auch nur verworren dient,

„So werd ich ihn bald in die Klarheit führen.

„Weiß doch der Gärtner, wenn das Bäumchen grünt" –

Das „grüne Bäumchen", das der Herr meint, ist der „Mach-Handel-Boom". Als Faust Gretchens Lied unterm „Mach-Handel-Boom" im „KERKER" hört, empfindet Faust „MITGE-FÜHL": 4405-4406:

„Mich faßt ein längst entwohnter Schauer,

„Der Menschheit ganzer Jammer faßt mich an.

Fausts Mitgefühl macht den „Baum des Lebens grün".

Der „Mach-Handel-Boom" wird grün, weil die Frau das „neue Leben" in sich spürt: Ein Monat ging hin, der Schnee verging, und 2 Monate da wurde es grün, und 3 Monate, da kamen die Blumen aus der Erde und 4 Monate, da kamen die „grünen Zweige" der Bäume und die Vögel sangen." …"da kriegt sie ein Kind, so weiß wie Schnee, so rot wie Blut … als sie das sah, freute sie sich so sehr, daß sie starb, und ihr Mann begrub sie unterm „Mach-Handel-Boom".

Aber Faust will, daß Gretchen lebt! Für Faust ist das „Bäumchen grün" geworden, durch das Mitgefühl, das der Gärtner erkannt hat."

Faust 4604: „Du sollst leben!"

„Weiß doch der Gärtner wenn das Bäumchen grünt!"

DIE WETTE

Die Wette erscheint im „PROLOG IM HIMMEL", Faust I. Sie beginnt mit dem „Baum der grünt", also dem „Mach-Handel-Baum", dem „Make-Businss-Baum".

Der Herr will Faust in die Klarheit führen, (310) der Herr: „Weiß doch der Gärtner, wenn das Bäumchen grünt."

Das Bäumchen grünt, weil Faust „Mitgefühl" mit Gretchen empfindet, als er ihren Gesang unterm Mach-Handel-Baum hört. Kerker (4425) Faust

„Mich faßt ein längst entwöhnter Schmerz

„Der Menschheit ganzer Jammer faßt mich an,

„Hier wohnt sie ..."

Mephisto schlägt dem Herrn seine Wette vor. Prolog, Faust 1 (312)

„Was wettet Ihr? den sollt Ihr noch verlieren

„Wenn Ihr mir die Erlaubnis gebt

„Ihn meine Strasse zu führen!"

Der Herr": „So lang er auf der Erde lebt,

„So lange sei dir's nicht verboten."

Es sind „Faustens Erden-Tage, die Mephisto ihn verführen darf.

Mephisto dankt dem Herrn. Er denkt an die „frischen Wangen", (an die „roten Wangen" vom schönen Tanzmädchen aus „Die Laune …" oder an „Schneewittchens „Rote Apfel-backen").

Mephisto: „Mir geht es wie der Katze mit der Maus.

„Katze und Maus" werden zu „Kunst-Stil Elementen" für Mephistos Strasse.

In „Die Laune …" zeigt sich Egles Katzengeist als „Macht der Natur" und setzt sich fort bis zu Mephisto. Im 7. Auftritt verbindet Egle den Tanz mit dem „Wohlleben", aber es ist das „falsche Wohlleben". Und im 8. Auftritt zeigt Egle in ihrem „geistigen Spiegel" das schöne Tanzmädchen mit den „roten Backen oder Roten Wangen". Dies sind „Schneewittchens „rote Apfelbacken vom „Apfel der sie anlustert".

Die roten Backen sollen zum Tanz verführen. Das „rote Mäuschen", das aus Liliths Mund springt, ist die „Beute", die die Katze bekommt (Auch Faust erhielt seine „Beute" vom Tanz.) „Katz und Maus" sind „Stil-Elemente" von „Mephistos Strasse".

Faust tritt aus dem Tanz, und verläßt damit Mephistos Strasse.

Mephistos „Teufels-Strasse" endet in der „WALPURGIS-NACHT".

Prolog (322) Mephisto „Mir geht es wie der Katze mit der Maus." „WALPURGISNACHT"(4176) Mephisto zu Faust „was lässest du das schöne Mädchen fahren? Das dir zum Tanz so lieblich sang."

(4178) Faust: Ach! mit ten im Gesang sprang ein rotes Mäuschen ihr aus dem Munde," Das Mäuschen ist die Beute, die Faust erhalten soll. Der Tanz ist das „Falsche Wohlleben".

Faust sieht gleichzeitig „ein blasses, schönes Kind – Gretchen.

Sie geht mit „geschlossenen Füßen". Sie trägt Faustens Ketten um die Füße. Die Ketten, die Mephisto Faust um die Füße legte. (1542) „Damit du, losgebunden, frei erfahrest was das Leben sei."

Werden zu Gretchens „Ketten". Das ist die „Teufelsstrasse", das falsche Wohlleben oder der „Tanz". Mephisto kann Faust nicht mehr zu sich herabziehen. Und so sagt Gretchen im KERKER (4585), „Wir werden uns wiedersehn, Aber nicht beim Tanz".

Es beginnt nun die neue Verbindung zwischen Gretchen und Faust, der „BLICK" (4201) Faust:

„Welch eine Wonne! Welch ein Leiden!

„Ich kann von diesem Blick nicht scheiden."

Dieser „Blick" kommt von den Augen Gretchens.

Es ist der „Blick der Augen" oder der „Augenblick" der Faust retten wird. Wird der „Blick" der schönen Seele (10055 ff): Faust:

„Doch mir umschwebt ein zarter lichter Nebelstreif

„Noch Brust und Stirn, …

„Täuscht mich ein entzückend Bild,

„Ein jugenderstes, längst entbehrtes höchstes Gut?

„Des tiefsten Herzens frühste Schätze quellen auf; „

Aurorens Liebe, leichten Schwung bezeichnets mir,

„Den schnellempfundnen, ersten, kaum verstandnen ersten Blick

„Der, festgehalten, überglänzte jeden Schatz.

„Wie Seelenschönheit steigert sich die holde Form,

„Löst sich nicht auf, erhebt sich in den Äther hin

„Und zieht das BESTE MEINES INNERN MIT SICH FORT." Ende des V. Akt es bittet Gretchen die Mater Gloriosa (12092) „Vergönne mir, ihn zu belehren, noch blendet ihn der neue Tag.

(12094) Mater Gloriosa: „Komm! hebe dich zu höhern Sphären!

„Wenn er dich ahnet, folgt er nach

(2615) Faust: „Wie sie die Augen niederschlägt hat tief sich in mein Herz geprägt. (Kette zum „Hochziehen")

Faustens „höchster Augenblick", also der „zeitliche Augenblick", der nur ein „Moment" ist, bleibt noch zu erklären.
„FAUST II", (11579 ff) Faust:
"Solch ein Gewimmel möcht ich sehn
„Auf freiem Grund mit freiem Volke stehn
„Zum Augenblicke dürft ich sagen:
„Verweile doch, du bist so schön!" Auf freiem Grund bedeutet der Raum,
Der Augenblick bedeutet die Zeit, Und das Gewimmel ist der Spaß.

In „DIE MITSCHULDIGEN" wurde bereits eine „Strasse des Teufels" entwickelt mit dem Thema: „RAUM, ZEIT und SPAß". Sie führte bis zu Söller, III, 10, DER SAGTE: „ES IST VORBEI".
„ES IST VORBEI" bedeutet „des Teufels Zeit" ist vorbei, wie auch Faustens Zeit vorbei ist, denn der Herr hatte im „PROLOG" gesagt: „So lang Faust auf der Erde lebt" erhielt der Teufel die Erlaubnis Faust auf seine-des Teufels Strasse-herabzuführen.
„SO LANG FAUST AUF ERDEN LEBT" bedeutet „ZEIT" und „RAUM".
Im Vorgefühl erlebt Faust den „höchsten Augenblick" (und sinkt zurück)

(11592) Mephisto: „Die Zeit wird Her r.. die Uhr steht still - Der Chor: „Steht still!", das heißt: Die Zeit ist vorbei (Faust lebt nicht mehr auf Erden) und Mephistos Zeit Faust zu verführen ist vorbei. Aber Mephisto sagt: „Es ist vollbracht". Der Chor der Engel verbessert Mephisto mit: „Es ist vorbei".

Des Herrn Wort gilt:
„Ein guter Mensch in seinem dunkeln Drange
„Ist sich des rechten Weges wohl bewußt."

Johanna Fichtner
Mühlenstrasse 31
48282 Emsdetten

Kurztext zum Buch für Rückseite des Covers
„WORT und SINN"
Faust:
„Geschrieben steht: Am Anfang war das Wort!" …
„Ich kann das Word so hoch unmöglich schätzen, …"
Auch der „SINN" findet nicht Fausts Zustimmung am Anfang
zu stehen.

Im Gegensatz zu Fausts Auffassung über „Wort und Sinn" steht
Goethe.

Goethe verbindet seine Werk durch „Wort und Sinn", und er
erschafft so ein Gesamt-Kunstwerk.

Zusammenfassung

Das Märchen und die Bibel waren in früheren Zeiten die Lektüre der Jugend. Goethe hat dieser Erkenntnis Rechnung getragen und hat sein erstes Werk „Die Laune des Verliebten" auf Kunst-Stil-Elemente aus den Märchen „Die Rose", „Die Nelke", „Rotkäppchen", „Dornröschen" und „Schneewittchen" aufgebaut. Es fehlt noch „Der Geist im Glas". Dieser Geist kommt aus der Weinflasche, die Rotkäppchen der Großmutter bringen soll. Eines Tages sprach die Mutter zu Rotkäppchen: „Da hast du ein Stück Kuchen, und eine Flasche Wein, bring das der Großmutter hinaus, ... und wenn du hinauskommst, so geh hübsch sittsam und lauf nicht vom Wege ab, sonst fällst du und zerbrichst das Glas ..." Rotkäppchen und Gretchen laufen beide vom Wege ab.

Goethes zweites Werk „Die Mitschuldigen" bringt dann das biblische Thema. Durch das „zerbrochene Glas" wird auf den Bösen-Geist der Rache hingewiesen, der im Märchen Rotkäppchen in der Weinflasche saß.

Die Mitschuldigen, III,4, Vater Wirt:
„Zerbräch der Junge mir gleich jetzt ein Stengelglas. Ich zehr mich selber auf – und Rache muß ich haben. (Er stößt auf einen Stuhl und prügelt ihn aus.)" Das wird der Rache-Stuhl oder Blut-Stuhl im FAUST, KERKER. DIE MITSCHULDIGEN III, 5, SÖLLER: Was für ein böser Geist mag doch den Alten treiben? Das zerbrochene Stengelglas weist zurück auf die zerbrochene Weinflasche und das Märchen „Der Geist im Glas". Der Böse-Geist aus Die Mitschuldigen wird zum Henker im FAUST.

In Die Mitschuldigen verarbeitet Goethe die biblischen Worte der Engel:
Ehre sei Gott in der Höh,

Friede auf Erden
Und den Menschen ein Wohlleben
Die guten Willens sind.

Im „CLAVIGO" handelt es sich um den doppelten Meineid.
Die Stimme des Dichters bringt nur eine künstliche Blume
hervor. Und die Stimme von Liebe und Leben für Maria endet
mit der toten Blume.

„Die Leiden des jungen Werthers" bringen einen „Blumensucher", der keine Blumen findet, weil es noch nicht die Zeit ist.
Der Blumensucher will zum Vater zurück als verlorener Sohn;
aber seine Zeit ist noch nicht gekommen. Auch für Werther ist
die Zeit noch nicht gekommen.

In der „Iphigenie" werden die Kunst-Stil-Elemente Hand, Herz
und Arm geläutert und das „Wohl-Leben" wird veredelt zu
einem „Wohl-Leben" für Menschen, die guten Willens sind.

Im „FAUST" wird das „Wiedersehn" durch den Blick der Augen, den Augenblick oder den „Retterblick" erreicht. Mit dem
„Blick auf die schönen Blumen" begann das Thema im „Rotkäppchen".